DU

DROIT DE GRACE

Paris. — Imprimé par E. Thunot et Cᵉ, rue Racine, 26.

DU

DROIT DE GRACE

EN FRANCE

COMPARÉ AVEC

DES LÉGISLATIONS ÉTRANGÈRES

COMMENTÉ

PAR LES LOIS, ORDONNANCES, DÉCRETS,
LETTRES PATENTES, DÉCLARATIONS, ÉDITS ROYAUX, ARRÊTS DE PARLEMENTS,
DE LA COUR DE CASSATION ET DE COURS IMPÉRIALES,
AVIS DU CONSEIL D'ÉTAT, DÉCISIONS ET CIRCULAIRES MINISTÉRIELLES,
INSTRUCTIONS DE L'ADMINISTRATION DE L'ENREGISTREMENT, ETC.

Depuis 1349 jusqu'en 1865

PAR

J. LEGOUX

SUBSTITUT DU PROCUREUR IMPERIAL PRÈS LE TRIBUNAL DE PREMIÈRE INSTANCE D'ÉPERNAY

Faire grâce, c'est quelquefois faire justice.
Baron LEGOUX,
ancien procureur général à Paris.

PARIS

COTILLON, ÉDITEUR, LIBRAIRE DU CONSEIL D'ÉTAT
RUE SOUFFLOT, 24

1865

DU

DROIT DE GRACE

INTRODUCTION.

Le droit de grâce, a-t-on dit, est le plus beau
fleuron de la couronne des rois ; on peut ajouter qu'il
en est l'un des plus anciens.

Par sa nature toute spéciale, par son caractère
particulier, ce droit suprême, qui ne saurait être mis
en comparaison avec aucune autre prérogative souveraine, est, sans aucun doute, digne de fixer l'attention
la plus sérieuse de l'homme politique, aussi bien que
celle du jurisconsulte. Mais c'est seulement au point
de vue pratique que le droit de grâce sera traité dans
cet ouvrage.

1

L'étude approfondie qu'il m'a été donné de faire sur ce sujet si intéressant, lorsque j'avais l'honneur d'être attaché au parquet de M. le conseiller d'État, procureur général près la Cour impériale de Paris, m'a d'ailleurs singulièrement facilité ce travail tout didactique, et qui n'a d'autre prétention que d'être de quelque utilité pour les magistrats du ministère public, à la bienveillance desquels il est particulièrement recommandé.

Quelque complets que soient les savants ouvrages (1) qui ont paru jusqu'ici sur la matière, ils ne parlaient qu'incidemment et d'une manière superficielle du droit de grâce à l'étranger. J'ai voulu étendre le cercle dans lequel s'étaient renfermés mes devanciers. Il importait, selon moi, de mettre le lecteur curieux de recherches historiques à même de se livrer à une étude comparée de notre législation avec celle des autres peuples.

Dans ce but, je me suis adressé aux ambassades et légations des puissances étrangères en France, et j'ai obtenu les renseignements les plus précieux de MM. les premiers secrétaires, auxquels je suis heureux de pouvoir faire agréer l'expression de toute ma gratitude, pour l'extrême obligeance avec laquelle ils ont bien voulu mettre à ma disposition les documents nécessaires. Ces différents documents, réunis avec grand soin, ont trouvé place dans l'ouvrage.

---

(1) Voir aux *Documents et Notes*, à la fin du volume, les noms des principaux auteurs qui ont écrit sur le droit de grâce.

Les magistrats du ministère public pourront y consulter les extraits des lois, ordonnances, circulaires et arrêts sur la matière depuis 1791 jusqu'à nos jours; et, pour que ce travail soit aussi complet que possible, il est précédé des déclarations, lettres patentes, édits, etc., antérieurs à cette époque, ayant quelque intérêt historique. A la fin de l'ouvrage j'ai donné les modèles des différents rapports que les parquets doivent adresser au ministre de la justice et des cultes, sur le recours en grâce.

Je ne saurais trop remercier ici M. Brière-Valigny, avocat général près la Cour impériale de Paris, président de la conférence des attachés, de m'avoir encouragé par sa bienveillance, et de m'avoir aidé de ses conseils.

J'entends par ce mot *droit de grâce*, tous les actes de clémence, de miséricorde, de pardon et d'oubli qui émanent du chef de l'État.

Cette prérogative souveraine s'étend, en effet, non-seulement aux peines prononcées de quelque nature qu'elles soient et aux conséquences qu'elles entraînent, mais encore aux faits qui peuvent donner lieu à l'application d'une peine et qui n'ont pas encore été déférés aux tribunaux.

Il faut distinguer :

1° La *grâce* proprement dite qui consiste dans la remise faite au condamné du tout ou partie de sa

peine ou dans la commutation de la peine prononcée
en une peine moins forte.

2° L'*amnistie* qui peut intervenir avant ou après le
jugement et qui a pour objet d'effacer et de faire
oublier un crime ou un délit, de prévenir des incapacités et de rendre l'intégrité de la vie civile et
politique.

3° La *réhabilitation* dont l'effet est de restituer,
pour l'avenir, au condamné, qui a expié son crime et
qui a donné des preuves de repentir, tous les droits
que lui avait enlevés la condamnation (1). On doit
bien se garder de confondre la grâce proprement dite
avec l'amnistie et la réhabilitation.

Le genre de grâce, qui doit nous occuper uniquement, est l'acte par lequel le chef de l'État fait au
condamné remise, soit totale, soit partielle, du châtiment qu'il a encouru, ou commue ce châtiment en
un autre d'un degré inférieur, sans toutefois que la

---

(1) Je ne puis me dissimuler qu'en faisant découler du droit
de grâce la *réhabilitation*, je me trouve en opposition avec
le plus grand nombre des auteurs qui ont traité la matière. Tout
en me réservant de démontrer prochainement, dans une étude
sur la réhabilitation, que cet acte de clémence souveraine a,
sinon la même procédure et les mêmes effets, du moins les
principaux caractères de la grâce proprement dite ; il me sera
permis de faire remarquer aujourd'hui ce point essentiel de
ressemblance entre la réhabilitation et la grâce, c'est que le
prince, alors même que le suppliant remplit toutes les conditions exigées par les lois, peut ne pas accorder la réhabilitation,
de même qu'il refuse une grâce ordinaire, sans avoir à rendre
compte des motifs de sa décision.

mesure gracieuse fasse disparaître ni le jugement, ni les conséquences légales de la peine.

Quelle est l'origine de ce droit? Quelle en est l'étendue? Quelle en est l'utilité? De quelle manière s'exerce-t-il de nos jours en France? Telles sont les questions qu'il importe de résoudre.

CHAPITRE I.

NOTIONS HISTORIQUES.

La clémence est la qualité distinctive des monarques.

MONTESQUIEU, *Esprit des Lois.*

L'origine du droit de grâce remonte à la plus haute antiquité. Interrogeons l'histoire, et partout nous verrons les peuples, ou ceux entre les mains desquels ils ont déposé le souverain pouvoir, faire grâce aux condamnés des peines prononcées contre eux.

En Grèce, à Athènes notamment, le droit de faire grâce résidait dans l'assemblée du peuple. C'est ainsi que Cimon, Thémistocle et Alcibiade, frappés d'ostracisme, ont été rappelés au milieu de leurs concitoyens lorsque la patrie était en danger.

Chez les Hébreux, le droit de grâce existait également (1).

A Rome, ce droit fut d'abord exercé par les rois, puis par des consuls, et ensuite par le peuple (loi *Valeria*), des mains duquel il passa dans celles

---

(1) De l'exercice du droit de grâce chez les Juifs pendant la domination romaine (*Documents et Notes*, à la fin du volume).

des empereurs qui, par la loi *Regia*, furent revêtus de la toute-puissance.

Le recours en grâce s'appelait *deprecatio;* la grâce, *indulgentia*, et, ceci est digne de remarque, elle avait le même caractère qu'elle offre en France, sous la législation actuelle : *Indulgentia principis, quos liberat notat, nec infamiam criminis tollit, sed pœnæ gratiam facit.* « La grâce qu'accorde le prince laisse subsister le jugement et l'infamie; elle dispense seulement de la peine. »

Une autre sorte de pardon, appelée *purgatio*, était accordée à celui qui prouvait qu'il avait fait une chose permise ou du moins excusable.

Ne pouvaient être l'objet de décisions gracieuses les individus coupables de crimes de lèse-majesté, d'inceste, de viol, de sacrilége, d'adultère, d'empoisonnement, d'homicide, de parricide, de fausse monnaie, d'accusations mensongères et de crimes par récidive.

Outre les deux genres de grâce que nous avons vus, il y avait encore la *restitutio in integrum*, qui était une véritable réhabilitation, c'est-à-dire la réintégration du condamné *in honoribus et ordini et omnibus cæteris.*

Au moyen âge, on vit le droit de grâce appartenir d'abord aux assemblées de la nation, puis aux rois, concurremment avec les princes, les comtes, les ducs et les barons; mais il ne tarda pas à devenir l'apanage exclusif des rois.

La royauté, dès qu'elle commença à lutter sérieusement contre la féodalité et qu'elle voulut l'abaisser à tout prix, eut pour premier soin d'enlever aux grands vassaux un privilége auquel ceux-ci tenaient d'autant plus qu'ils le regardaient, à juste titre, comme un attribut du souverain pouvoir. C'est ainsi que Jean II, par une ordonnance de 1359, et Charles VII, par une ordonnance de 1449, défendirent à certains seigneurs, grands officiers de la couronne et gouverneurs de province, de donner des lettres de grâce. Si parfois des princes ont obtenu le droit de faire grâce, ce droit a toujours été restreint à des cas spéciaux et ne constituait qu'une concession temporaire de la puissance royale.

Louis XI, par exemple, permit au duc d'Angoulême de délivrer des prisonniers la première fois qu'il entrerait dans chaque ville de son domaine. (Ordonnance de septembre 1477.)

François Ier accorda à Charles-Quint (1) le droit de faire grâce en France.

Mais dans ce cas, ou autres semblables, le personnage, auquel était délégué le droit de grâce, devait formellement déclarer que c'était par autorisation expresse du roi qu'il usait de ce privilége souverain.

De même, des cités, des évêques, des chapitres d'église avaient le droit de faire grâce dans des cas exceptionnels et à des époques déterminées. Ainsi, la ville de Vendôme avait le privilége de donner chaque

---

(1) Lettres de rémission données par l'empereur Charles-Quint pour le lieutenant du prévôt de Touars (V. *Documents et Notes*, à la fin du volume).

année la liberté à un prisonnier, le vendredi qui précède le dimanche des Rameaux, par suite d'un vœu
solennel fait en 1428, par Louis de Bourbon, comte
de Vendôme. Ainsi, on reconnaissait à l'église de
Rouen le droit de délivrer, tous les ans, un criminel
et ses complices, le jour de l'Ascension, en l'honneur
de la châsse de saint Romain.

Mais peu à peu certaines villes, certains seigneurs
ou prélats, qui n'avaient aucune autorisation ni délégation souveraine, s'arrogèrent, dans un grand nombre
de circonstances, le droit de grâce (1).

Il arriva même que des ambassadeurs de la cour de
Rome ne craignirent pas de faire grâce en France
au nom du pape. Il y avait, dans un pareil acte,
une manœuvre politique qui tendait évidemment à
attribuer au souverain pontife des droits régaliens en
France, en concurrence avec ceux du roi lui-même.
Aussi les hommes politiques du temps comprirent que,
du jour où le droit de grâce serait reconnu au pape,
il serait bien près d'exercer les autres droits souverains et pourrait battre monnaie, lever des troupes
et établir des impôts en France. C'est, sans aucun
doute, sous l'influence de ces appréhensions que le

---

(1) En Allemagne, l'empiétement sur les droits souverains par
les hauts seigneurs est encore plus radical qu'en France. Non-
seulement les princes ecclésiastiques et séculiers n'acceptent
point chez eux de tribunaux étrangers, si ce n'est celui de l'empereur en personne, et exercent le droit de grâce de leur propre
autorité, mais encore il n'est plus libre à l'empereur de faire
grâce aux coupables condamnés par les États ni de leur rendre
les biens tombés en commise (années 1056 et suivantes).

parlement de Paris rendit, le 5 janvier 1548, un arrêt par lequel il déclarait que c'était à tort qu'un juge ecclésiastique avait fait entériner des lettres de grâce données par le cardinal de Plaisance, légat de la cour de Rome, et ordonnait que le jugement fût exécuté.

Les troubles qui désolèrent à cette époque le royaume permirent plus que jamais aux seigneurs de s'arroger impunément le droit de grâce. L'un d'eux, le duc de Mayenne, poussant l'audace jusqu'à ses dernières limites, osa faire grâce au lieu et place du roi (1).

L'ordonnance du 26 août 1670, qui régularisa la matière, ne reconnut qu'au roi seul le droit de faire grâce, et mit ainsi un frein aux empiétements journaliers de la noblesse et du clergé.

Cette ordonnance énumère les différentes espèces de grâce qui pouvaient alors être accordées ; c'étaient :

1° Les lettres d'*abolition particulière*, qui étaient délivrées avant le jugement, en faveur d'un accusé, et effaçaient le délit ;

2° Les lettres de *rémission* pour homicide involontaire ou commis en cas de légitime défense ;

3° Les lettres de *pardon* pour les crimes n'entraînant pas la peine de mort et excusables ;

4° Les lettres de *commutation* de la peine en une peine d'un degré inférieur, mais n'effaçant pas l'infamie et ne rendant pas le condamné à la vie civile ;

----

(1) Voir aux *Documents et Notes*, à la fin du volume.

5° Les lettres de *rappel de bans et de galères*, qui remettaient la peine infamante, et autorisaient le condamné à rentrer dans la société.

Citons enfin les lettres d'*abolition générale* qui étaient de véritables amnisties, et les lettres d'*ester à droit et de révision* qui se donnaient dans certains cas prévus et qui réintégraient les condamnés dans leurs droits civils. L'effet de ces dernières lettres avait de grandes analogies avec celui que produit de nos jours la réhabilitation.

Toutes ces lettres devaient être scellées en grande chancellerie, c'est-à-dire, par un tribunal unique qui, sous le nom d'audience de France, se tenait à la chancellerie et était présidé par le garde des sceaux. On y expédiait et scellait du grand sceau de l'État les lois, ordonnances du roi, lettres patentes et autres actes de cette nature. Les lettres de rémission, seules, pouvaient être cependant scellées en petite chancellerie, c'est-à-dire par le tribunal établi près chaque parlement et chaque Cour souveraine et où l'on scellait de petit sceau les actes ayant une importance relativement moindre que les précédents, par exemple les arrêts, les commissions, les enquêtes.

Ces lettres de grâce, qu'elles fussent scellées du grand ou du petit sceau, étaient écrites sur parchemin et remises aux condamnés. Par exception, on obtenait quelquefois grâce sur un simple brevet; mais il fallait, dans les six mois qui suivaient, lever les lettres de grâce à la chancellerie; sinon, ce délai expiré, le brevet ne produisait plus aucun effet.

Les lettres étaient enregistrées par le parlement

dans le ressort duquel les condamnations avaient été prononcées. Dans l'origine, ces grandes compagnies avaient eu le droit de refuser l'entérinement des lettres de grâce. L'ordonnance de Blois de 1579 (art. 190) défendit même, en termes formels, aux parlements d'enregistrer les lettres de grâce qui auraient été accordées à tort pour des crimes non graciables. Certains crimes, en effet, le duel et le parricide par exemple, ne pouvaient être l'objet de lettres de grâce. On n'en accordait jamais pour les délits et les contraventions. « Et si par importunité, aucunes « étaient accordées par nous, dit Henri III, ne vou- « lons nos juges y avoir aucun égard, quelques jus- « sion ou dérogation que nous ferions ci-après à la « présente ordonnance. »

L'ordonnance de 1670 (titre XVI, article 4) apporta de profondes modifications à cette règle, en décidant que, si le prince accordait des lettres de grâce dans des cas non graciables, les cours n'en étaient pas moins tenues d'entériner les lettres sans retard, sauf, après l'entérinement prononcé, à faire les remontrances convenables. La déclaration du 22 novembre 1683 confirma cette règle (1).

C'était rendre au droit de grâce son véritable caractère, et pourtant, en 1771, Denisart se plaint de ce qu'une trop grande liberté est laissée au souverain : « Le prince, dit-il, n'a point à cet égard

---

(1) Déclarations du roi sur les rémissions (*Documents et Notes*, à la fin du volume).

« un pouvoir illimité. Il est de son devoir de n'user
« du droit de faire grâce qu'avec modération, dans
« des occasions rares et de manière que l'autorité de
« la loi n'en souffre pas. Il y a même des crimes
« atroces ou du moins très-répréhensibles, tels que le
« duel, que les lois déclarent absolument non gra-
« ciables. Si le prince accorde grâce pour de pareils
« crimes, c'est alors un abus d'autorité et non l'exer-
« cice d'un droit légitime ; et les cours souveraines
« ont le droit de s'opposer de toutes leurs forces à
« l'exécution de la volonté du prince. » Et le savant
procureur au Châtelet constate avec plaisir, à tort
selon nous, que, contrairement aux dernières ordonnances, les cours semblent rentrer dans l'exercice du
droit de remontrance avant l'entérinement des lettres
de grâce.

Quoi qu'il en soit, malgré les récriminations de certains jurisconsultes et les tendances des parlements qui
cherchaient toujours à imposer des limites au pouvoir
souverain en matière de grâce, les attributions du roi
ne firent que s'étendre jusqu'au moment où éclata la
révolution française. Dans la lutte qui s'engagea alors
entre le nouveau régime et l'ancien, toutes les prérogatives royales furent successivement attaquées et ren-
versées ; le droit de grâce périt comme les autres.

Le Code pénal du 25 septembre 1791 déclare :
« L'usage de tous actes tendant à empêcher ou à
« suspendre l'exercice de la justice criminelle, l'usage
« des lettres de grâce, de rémission, d'absolution, de
« pardon et de commutation de peines abolis pour
« tout crime poursuivi par voie de jurés. » (Ch. I,

titre VII, article 13.) Il ne faut pas considérer les termes de cet article comme limitatifs et conclure que le code de 1791 autorisait l'exercice du droit de grâce pour les délits et les contraventions. On comprend la véritable portée de cette loi, lorsqu'on se rappelle qu'avant 1789, le droit de grâce ne pouvait s'appliquer que dans les cas de crimes ; c'est donc cette hypo-thèse, seule, que le législateur de 1791 a dû prévoir, lorsqu'il parle de crimes poursuivis par voie de jurés. Mais il est bien entendu qu'il prohibe implicitement l'exercice du droit de grâce pour les délits et les contraventions.

La loi qui venait de briser ainsi une des institutions les plus nécessaires servit du moins à prouver que le droit de grâce ne pouvait être aboli sans danger. « Aussi fut-il exercé sous différentes formes : celle d'une loi, celle d'un arrêt de cassation, celle d'un sursis accordé par le corps législatif, sous tel prétexte ou sous tel autre. » (Reuter D. C., n° 860.) Légalement, le droit de grâce n'existait donc plus alors, et pourtant son utilité le faisait revivre dans la pratique.

Aussi comprend-on avec quelle faveur fut accueillie la loi du 16 thermidor an X, qui donnait au premier consul le droit de faire grâce. Mais, d'après cette loi, le premier magistrat de la République ne pouvait user de cette prérogative qu'après avoir pris l'avis d'un conseil privé. Devenu empereur, Napoléon usa, comme les autres souverains, en toute liberté et sans contrôle, du droit de grâce.

Depuis cette époque, tous nos actes constitutionnels, la charte de 1814, l'acte additionnel du 22 avril 1815, la charte de 1830 ont successivement consacré cette prérogative, comme une de celles qui découlent nécessairement du pouvoir souverain. La constitution de 1848 accordait au président de la République le droit de faire grâce, à la condition toutefois qu'il ne l'exercerait qu'après avoir pris l'avis du conseil d'État. Enfin la constitution du 14 janvier 1852, et le sénatus-consulte des 25-30 décembre suivant rétablirent les vrais principes et replacèrent sans contrôle dans les mains du chef de l'État le droit de grâce qu'il peut exercer, quand et comme il lui plaît, dans une mesure qu'il appartient à lui seul d'apprécier (1).

---

(1) Voir aux *Documents et Notes*, à la fin du volume, les textes de ces différentes constitutions.

CHAPITRE II.

NATURE ET UTILITÉ DU DROIT DE GRACE.

> Faire grâce, c'est quelquefois faire justice.
>
> *Baron* LEGOUX,
> *ancien procureur général à Paris.*

La grâce a uniquement pour but d'affranchir celui qui en est l'objet du châtiment qu'il a encouru ; mais elle n'efface ni le crime, ni le jugement, ni les conséquences de la peine. Elle dispense le condamné de la subir, sans abolir cependant le jugement de condamnation, de telle sorte que l'individu qui, après avoir obtenu sa grâce, commet un nouveau crime ou un nouveau délit, est passible des peines de la récidive. C'est en vertu de ce principe que la cour de cassation a dû proclamer que « la grâce présupposait le délit « existant et la culpabilité reconnue ; qu'elle laissait « subsister le crime et la culpabilité, qu'elle déclarait « même la justice de la condamnation. » (Arrêts des 30 novembre 1810 et 19 juillet 1839.)

La grâce est une émanation libre, directe et spontanée du souverain, qui peut l'étendre à toutes les peines, quels que soient les crimes, délits ou contraventions qui les aient motivées ; à tous les condamnés, quelle que soit leur situation personnelle, qu'ils aient été frappés pour la première fois par les tribunaux ou qu'ils aient déjà encouru la sévérité des lois. En un mot, le droit de grâce est absolu et n'a pour limites que celles que s'impose la volonté souveraine dans l'intérêt public ou dans l'intérêt des tiers.

L'expérience démontre que ce droit est également nécessaire pour satisfaire aux besoins de la justice et à ceux d'une sage politique. « La grâce se justifie, d'après Mittermaier, en ce qu'elle répond à des exigences auxquelles le pouvoir législatif et le pouvoir judiciaire, dans leur sphère nécessairement limitée, ne peuvent satisfaire. »

Les œuvres humaines, il faut bien le reconnaître, sont toutes marquées au coin de l'imperfection et quelquefois de l'erreur inhérentes à notre nature. Souvent l'homme brise les lois qu'il avait établies et auxquelles il avait obéi jusqu'alors, et en édicte de nouvelles dont la destinée sera sans doute de tomber à leur tour et de faire place à d'autres qu'il croira meilleures. En effet, « la première condition de la loi sociale est « d'être en harmonie avec la loi morale. La pénalité « ne peut être utile sans être juste, » a dit avec raison un de nos plus savants jurisconsultes (1).

Mais on comprend que, pour remplacer les lois existantes par de nouvelles, il est nécessaire d'apporter un grand soin à la confection de ces der-

---

(1) M. Faustin Hélie, *Théorie du Code pénal.*

nières. Dans son discours d'ouverture de la session législative de 1865, l'Empereur, avec cette hauteur de vue et cette précision de termes qui lui sont habituels, s'exprime ainsi : « L'utopie est au bien ce « que l'illusion est à la vérité et le progrès n'est « point la réalisation d'une théorie plus ou moins « ingénieuse, mais l'application des résultats de l'ex- « périence consacrée par le temps et acceptée par « l'opinion publique. »

Il faut donc beaucoup de temps, de nombreuses et sérieuses études pour apporter des modifications, mêmes les meilleures, aux lois qui régissent un pays. Mais quelles qu'elles soient, tant qu'elles existent, les lois doivent être respectées et appliquées par les magistrats. Ce sera au souverain à user du droit de grâce, afin de tempérer ce que l'exécution rigoureuse des peines pourrait avoir de trop sévère.

L'équité s'oppose quelquefois, pour d'autres raisons, à ce que la peine soit subie, bien qu'elle ait été légalement prononcée : ainsi, la découverte de faits qui n'ont pas été connus du juge et qui se révèlent par la suite, peut, dans certains cas, faire naître des doutes très-graves sur la culpabilité du condamné. Dans cette hypothèse, n'est-il pas urgent de le rendre à la liberté s'il est détenu et, en tous cas, de lui faire grâce du restant de la peine quelle qu'en soit la nature ?

Il faut également remarquer que, dans l'interprétation des textes ou dans l'application de la peine, les magistrats, quelque éclairés, quelque prudents qu'ils soient, peuvent se tromper; qu'ils sont forcés de recourir, dans des situations exceptionnelles et qui n'a-

vaient pas été prévues par le législateur, à des dispositions de lois faites en vue de circonstancés ordinaires
et qu'ainsi ils sont forcés, malgré eux, d'aller au delà
du but qu'ils voulaient atteindre. *Summum jus, summa
plerumque est injuriá*, lisons-nous dans Syrus. Ajoutez
les erreurs fatales pour les accusés qui peuvent être
commises par les personnes composant les jurys de
cours d'assises, lesquelles n'ont pas toujours au service
de leur conscience les qualités et l'expérience qui dis-
tinguent les juges. En présence de ces dangers qui
ont leur origine dans l'imperfection de notre nature,
à la vue des funestes effets qu'entraîne l'exécution de
certains châtiments extrêmes, et principalement de la
peine de mort, on comprend la nécessité et la haute
moralité du droit de grâce.

Combien d'autres cas d'ailleurs ne pourrions-nous
pas citer, dans lesquels il y a lieu de prendre des mesures gracieuses en faveur des condamnés! Si la maladie vient à atteindre un détenu, si ses jours sont en
danger, la liberté ne sera-t-elle pas pour lui la meilleure voie de salut? Lorsque, averti par la condamnation, amendé par le châtiment, le coupable a donné
des témoignages réitérés de repentir; s'il a rendu des
services à la justice ou à l'administration; si, au péril
de sa vie, il a accompli un acte de dévouement; si
enfin, une de ces mille circonstances, qu'il est impossible de prévoir, vient à le signaler à la bienveillance
de l'autorité, quelle récompense préférable à la liberté
pourra-t-on lui accorder? N'est-il pas juste de lui
savoir gré de ses bons sentiments, de mettre fin à une
peine qui a déjà produit ses effets et de rendre à la

société un membre corrigé, sans attendre qu'un séjour trop prolongé dans la prison, le réduisant au désespoir, ne lui ferme à jamais le retour à une vie honnête.

Au point de vue politique, l'utilité du droit de grâce n'est pas plus contestable. Montesquieu a dit à cet égard : « Les monarques ont tout à gagner par la clé-« mence, elle est suivie de tant d'amour, ils en tirent « tant de gloire, que c'est presque toujours un bonheur « pour eux d'avoir occasion de l'exercer. » Quel moyen plus noble, en effet, pour un souverain, qui veut assurer le repos du pays et établir un gouvernement stable, que de s'attacher ainsi des personnes dont le dévouement sera d'autant plus sincère et d'autant plus profond qu'il sera fondé sur la reconnaissance? On s'explique aisément quel bien peut produire le droit de grâce, lorsqu'il est exercé en faveur d'hommes qui, ayant cédé à l'entraînement de leurs opinions politiques, se sont vus frappés par les lois, mais qui peuvent encore rendre service à la patrie.

Telles sont les principales raisons qui font du droit de grâce, soit dans l'ordre politique, soit dans l'ordre privé, un privilége qui ne saurait être enlevé sans danger au prince. Aussi les auteurs qui ont attaqué ce droit comme violant les principes de l'égalité devant la loi, sont-ils peu nombreux (1). Ceux-là n'ont pas compris qu'il est également avantageux pour la société et utile au gouvernement de ne jamais outrepasser les limites d'une répression nécessaire et qu'il importe

---

(1) Voir aux *Documents et Notes*, à la fin du volume, les noms des auteurs qui ont écrit contre le droit de grâce.

quelquefois de tempérer l'exécution de peines justement prononcées. Et encore, en ce qui concerne la
fortune publique, ne parlons-nous, ni des charges
qu'entraînent pour la société les détentions prolongées,
ni du travail moins productif auquel se livrent ceux
qui sont incarcérés; considérations qui, sans aucun
doute, laissent toute leur portée aux arguments
présentés en faveur de la nécessité de répression,
mais qui démontrent, à un nouveau point du vue,
l'opportunité du droit de grâce exercé dans de sages
limites.

Sous quelques faces que nous l'étudions, ce droit
nous apparaît donc comme une institution non-seulement utile, mais encore indispensable. En l'effaçant de
nos lois, on ravirait aux condamnés tout espoir, et
par conséquent on leur fermerait à jamais le retour
au bien, puisqu'ils ne verraient pas dans un avenir
plus ou moins éloigné la récompense de leur amendement. Il ne faut pas, comme on l'a dit avec juste
raison, graver au frontispice de nos prisons ces vers
que Dante écrivit sur la porte de son enfer :

> Lasciate ogni speranza,
> Voi ch' entrate !

Il nous reste un dernier point à examiner : lorsqu'un condamné a été l'objet d'une mesure de bienveillance spontanée, a-t-il le droit de refuser la grâce
dont il est l'objet? Cette question est controversée.

Les partisans de l'affirmative soutiennent qu'accepter la grâce, c'est accepter la condamnation, en reconnaître la justice et proclamer sa propre culpabilité.

À un autre point de vue, on a dit que la grâce était une faveur personnelle qui, comme toutes faveurs de ce genre, pouvait être repoussée par celui auquel on voulait l'imposer. Quelques-uns, enfin, ont été jusqu'à soutenir que gracier un condamné contrairement à sa volonté était, chez un souverain, un des abus de pouvoir les plus grands et les plus criminels, « *Invitum qui servat idem facit occidenti.* » (Voir notamment l'opinion de M. de Peyronnet sur ce point dans les *Pensées d'un prisonnier*, livre IV, chapitre de la Grâce.) Nous ne saurions, en aucune manière, partager une, telle opinion. En effet, l'art. 1 du sénatus-consulte modifiant la constitution de 1852 s'exprime en des termes larges et en même temps nets et précis, qui ne peuvent véritablement laisser aucun doute dans l'esprit : « L'Empereur a le droit de faire grâce et d'accorder des amnisties. » Dans cet article, point de restriction, point d'obstacle ; mais au contraire, un droit souverain, sans borne et sans limite qui peut s'exercer aussi bien spontanément que sur la prière des condamnés.

Si, laissant de côté le texte, nous nous demandons jusqu'à quel point le prince peut gracier un individu malgré ses protestations « sans fouler aux pieds, « comme on l'a dit, la loi du libre arbitre humain, » nous reconnaissons que rien ne nous paraît plus profondément honnête et plus conforme à l'équité qu'un pareil acte. Souvent, en effet, les condamnés aigris par le malheur, sans parents, sans amis qui les conseillent, n'écoutant que la voix de leur ressentiment, ne savent plus reconnaître quel est leur véritable intérêt. Ce sera alors le chef de l'État qui viendra au-devant d'eux et, les protégeant contre eux-mêmes, leur tendra le premier une main bienveillante, les soulageant en quelque sorte malgré leur volonté. Pour nous, nous avouons trouver quelque chose de vraiment noble et aussi de profondément touchant dans le rôle réservé au prince dans de pareilles circonstances.

Étudiant la question à un point de vue plus élevé, M. Trolley, dans son *Cours de droit administratif* (t, I, pag. 132), s'exprime ainsi : « La grâce est sans doute « une faveur pour le condamné, mais elle intéresse « aussi la société ; elle importe à la moralité de la « peine et à la dignité de la justice. Si l'on exécutait le « malheureux auquel la clémence royale a fait merci de « la vie, vous diriez vainement qu'il a refusé la grâce ; « ce serait un suicide d'une part et un meurtre de « l'autre. La peine est acquise à la société et non pas « au coupable. Qu'il ne demande rien et qu'il proteste « contre la sentence, voilà son droit ; mais qu'il ne re- « pousse pas la grâce en disant : *invito beneficium non* « *datur*. La grâce, comme la peine, l'atteint malgré « lui. »

Ce sont là les véritables règles de la matière, parce qu'elles sont fondées sur les principes de justice et d'équité qui doivent toujours la dominer.

Mais si le droit de grâce existe dans toute sa pléni-tude entre les mains du prince, il importe à lui-même et à la société que ses sentiments de miséri-corde ne soient point surpris par les prières de tous les condamnés et que l'opportunité des décisions gra-cieuses soit constatée.

Il appartient au ministre de la justice d'éclairer, sur ce point, la conscience du souverain et de soumettre à son approbation les propositions de grâce.

Ce sont les magistrats du ministère public qui portent à la connaissance du garde des sceaux les faits ayant motivé la condamnation et qui proposent la mesure qu'il y a lieu de soumettre à l'agrément de l'Empereur. Lorsqu'ils sont appelés ainsi à éclairer de leurs lumières le chef de l'État dans l'exercice d'un de ses droits les plus intimes et les plus chers, il est nécessaire que les officiers du parquet apportent un soin extrême à l'étude des affaires sur lesquelles ils sont consultés.

Avant d'étudier, dans le chapitre suivant, quelle marche les procureurs impériaux doivent suivre dans l'instruction des recours en grâce sur lesquels ils sont appelés à donner leur avis, il y a lieu de faire ici une dernière remarque :

C'est qu'il faut bien se garder de confondre la grâce avec l'*absolution à la suite de révision*, dont il est parlé dans les articles 443 et suivants du Code d'instruction criminelle ; les différences qui les séparent sont caractéristiques :

1° Par la demande en grâce, le suppliant reconnaît d'ordinaire sa propre culpabilité et la juste application de la peine dont il sollicite la remise. Par la procédure en révision, le condamné tend, non-seulement à être relevé du châtiment, mais avant tout, à démontrer son innocence.

2° Il est statué sur les suppliques en grâce par le

chef de l'État ; sur les requêtes en révision par les
tribunaux.

3° L'effet de la grâce n'affecte que la peine ; celle
de l'absolution s'étend non-seulement à la peine,
mais encore et principalement à la culpabilité.

4° Une condamnation, à la suite de laquelle est intervenue une mesure gracieuse, peut être l'objet d'une
procédure en révision. On comprend qu'au contraire
nulle grâce ne saurait être accordée à la suite
d'absolution prononcée sur procédure en révision.

En résumé, la grâce est un effet de la commisération du souverain ; l'absolution à la suite de révision
est un acte de justice.

CHAPITRE III.

INSTRUCTION DES RECOURS EN GRACE.
DÉCISIONS GRACIEUSES.

> L'exacte observation de ces règles n'importe pas moins
> à la bonne et prompte administration de la justice qu'au
> respect des droits imprescriptibles de la clémence du
> souverain.
>
> (*Circ. min.*, 3 mars 1855.)

Les grâces se divisent en *grâces ordinaires ou particulières* et *grâces générales ou collectives.*

Les grâces particulières sont celles que l'Empereur accorde, en tout temps, à tel ou tel condamné isolément. On entend par grâces générales celles qui sont accordées sur les propositions soumises à l'agrément de Sa Majesté, à l'occasion de la fête du 15 août, en faveur d'individus se trouvant dans les conditions exigées par les règlements et qui se sont fait remarquer par leur bonne conduite, dans la maison où ils sont incarcérés.

Le service des grâces à la chancellerie est également divisé en grâces particulières et grâces générales. Il doit en être de même dans les parquets. Mais, de quel-

que manière qu'il s'exerce, le droit de grâce découle
toujours du même principe et produit les mêmes
effets. Il existe toutefois dans le mode d'instruire les
grâces ordinaires et celles qui sont collectives de no-
tables différences, qui exigent que nous étudiions séparément l'instruction propre à chacune d'elles.

Il faut ajouter, en troisième lieu, les grâces accordées à la suite de condamnations militaires et maritimes et qui sont l'objet d'instructions particulières.

I

GRACES PARTICULIÈRES OU ORDINAIRES.

§ 1. Des personnes qui ont qualité pour former un recours en grâce ou
pour provoquer une mesure gracieuse. — Des personnages auxquels on
peut adresser des recours en grâce. — De la forme des recours en grâce
et de la manière dont l'instruction en est faite par le garde des sceaux.

Les grâces particulières sont le plus souvent accordées sur la demande des condamnés. C'est, en effet,
à ceux qui sont les premiers intéressés qu'il appartient d'avoir recours à la clémence souveraine ; mais
il n'est interdit, ni aux membres de leur famille, ni
à leurs amis, d'implorer pour eux une mesure d'indulgence.

L'ancien article 595 du code d'instruction criminelle autorisait les cours spéciales à solliciter, en faveur des condamnés, des décisions gracieuses, mais
seulement pour des motifs graves. « Cette recommandation ne devait point être insérée dans l'arrêt, mais
dans un procès-verbal séparé, secret, motivé, dressé

en la chambre du conseil, le ministère public entendu, et signé comme l'arrêt de condamnation. »

L'article 146 de la loi du 20 décembre 1815 reconnaissait la même faculté aux cours prévôtales. Ces recommandations suspendaient, de plein droit, l'exécution des arrêts jusqu'à ce qu'elles eussent été soumises à l'appréciation du souverain. Le droit de recommandation n'appartenait pas d'ailleurs aux autres tribunaux. Quelques cours criminelles s'étant, en effet, permis de recommander les condamnés à la clémence du prince, ces arrêts furent dénoncés à la cour de cassation et annulés par elle. (Voir notamment un arrêt du 16 pluviôse an XIII.)

Aujourd'hui, de semblables délibérations, quelles que fussent les juridictions qui les prissent, ne pourraient, ni suspendre l'exécution des jugements, ni suppléer à la demande en grâce. Les cours et les tribunaux ne sauraient donc, sans excéder leurs pouvoirs, formuler de vœux, soit dans les jugements de condamnation, soit dans des délibérations postérieures. Mais il est loisible aux membres de ces compagnies de transmettre individuellement au garde des sceaux des observations sur les circonstances qui leur ont paru de nature à provoquer une mesure d'indulgence. Ils peuvent également, ainsi que toute autre personne, apostiller une supplique. Toutefois, les magistrats qui ont eu à s'occuper d'une affaire, soit comme juge d'instruction, soit comme officier du ministère public, soit comme membre du tribunal qui a prononcé la peine, doivent s'abstenir avec soin de semblables recommandations. Il ne serait pas convenable qu'ils exprimassent, sur un document qui émane du condamné ou de sa famille, leur opinion personnelle relativement à la mesure gracieuse à intervenir. Les membres du parquet sont particulièrement astreints à observer, sur ce point, la réserve la plus rigoureuse. Non-seulement, ils doivent éviter de consigner leur opinion sur la supplique, mais il leur est encore formellement recommandé de ne point faire connaître, même de vive voix, aux parties intéressées aussi bien qu'à toute autre personne, leur avis sur la demande en grâce. On comprend aisément que de pareilles indiscrétions produiraient, à tous les points de vue, le plus fâcheux effet, si la décision impériale n'était pas conforme à l'avis émis par l'officier du ministère public, surtout au cas où cette opinion personnelle aurait pu donner naissance chez le condamné à des espérances qui auraient été déçues par la suite.

L'usage a prévalu de permettre aux douze jurés ayant siégé dans une affaire, soit d'apostiller la supplique de l'individu sur le sort duquel ils ont prononcé, soit de rédiger collectivement et *proprio motu* un recours en grâce en sa faveur.

Il y a lieu de rappeler également ici que les conseillers, présidant les cours d'assises, doivent, à la fin de la session, en envoyant au ministère de la justice un rapport relatif aux affaires qui ont été jugées, émettre leur avis sur les mesures gracieuses qui pourraient être prises à l'égard de chacun des condamnés. Par là, le garde des sceaux est mis à même de proposer d'office, à l'Empereur des grâces qui n'auraient peut-être pas été sollicitées. Il peut, en outre, contrôler l'une par l'autre, l'opinion du président et celle du procureur général sur l'utilité d'une mesure gracieuse et s'assurer ainsi qu'il présente à la signature du prince des propositions de grâce pour des condamnés dignes de cette faveur.

La règle générale est, comme nous le verrons plus loin, que le ministère public ne peut instruire les recours en grâce, que lorsqu'il est invité à le faire par le ministre de la justice. Il y a cependant un cas particulier où les officiers du parquet doivent appeler spontanément et d'une manière officielle la bienveillance impériale sur les condamnés : c'est lorsqu'il s'agit de peine de mort. Il est alors du devoir du procureur général d'adresser d'office à la chancellerie, dès que l'arrêt a été rendu et sans qu'il y ait eu de demande en grâce formée par le condamné, un rapport sur l'opportunité ou l'inopportunité d'une mesure d'indulgence à prendre en sa faveur. Les procureurs impériaux sont tenus, dans de semblables circonstances, de faire parvenir au parquet de la cour impériale les mêmes renseignements, d'après les règles que nous allons étudier plus loin.

Les suppliques doivent en principe être adressées à l'Empereur, puisque c'est en ses mains seules que réside le droit de faire grâce. Toutefois, les demandes présentées à l'Impératrice, au Prince Impérial ou à l'un des membres de la famille impériale, ainsi que celles reçues par l'un des ministres, sont considérées comme suffisantes et sont instruites suivant les règles ordinaires.

La forme des recours en grâce n'a rien d'obligatoire. Que la supplique émane du condamné ou d'une autre personne, il est inutile de la faire par acte notarié ou sur papier timbré, et de la présenter à l'enregistrement. Il suffit que la demande, qui se trouve sur papier libre, contienne, en quelques mots, les faits qui ont motivé la condamnation, indique la cour ou le tribunal qui l'a prononcée, la date précise de la sentence, et fasse connaître les motifs sur lesquels le postulant croit devoir s'appuyer pour solliciter une mesure d'indulgence. Il n'est pas besoin de faire remarquer ici combien des récriminations, des outrages s'adressant soit aux magistrats qui ont siégé lors de l'affaire, soit aux témoins qui ont déposé sous la foi du serment, soit à toute autre personne, seraient inconvenantes et déplacées. En effet, ce n'est pas un droit que le condamné réclame à son profit ; c'est une faveur qu'il implore. Il doit donc se servir dans sa demande des termes et des expressions les plus mesurées et les plus en rapport avec sa position de suppliant.

Toutes les suppliques sont transmises à la chancellerie, où elles sont l'objet d'un premier examen dans un bureau spécial appelé *bureau des grâces* (1).

Les demandes, qui ne paraissent s'appuyer sur aucun motif sérieux, sont immédiatement classées, et il n'y est donné aucune suite. Les autres deviennent l'objet d'une instruction. En conséquence, la supplique est communiquée au procureur génénral dans le res-

_____

(1) Le bureau des grâces, faisant partie de la direction des affaires criminelles et des grâces, est ouvert au public le vendredi de 2 à 4 heures.

sort duquel la condamnation a été prononcée. Ce magistrat est invité en même temps à faire connaître, non–seulement les circonstances qui ont motivé le jugement, mais encore son avis personnel sur la suite qu'il convient de donner à la requête. Quelquefois la chancellerie conserve dans ses cartons la supplique et demande seulement par lettre, les renseignements d'usage aux officiers du ministère public. L'instruction des recours en grâce est toujours faite par le parquet de la cour ou du tribunal qui a prononcé la condamnation. Quand le suppliant a été condamné par la cour impériale ou par la cour d'assises du département où siége la cour souveraine; c'est au parquet du procureur général qu'incombe ce soin.

Lorsque la condamnation a été prononcée, soit par les autres cours d'assises du ressort, soit par les tribunaux correctionnels, c'est aux procureurs impériaux de ces différents siéges qu'il appartient de fournir les renseignements nécessaires. A cet effet, le procureur général fait parvenir la supplique qu'il a reçue de la chancellerie aux magistrats du ministère public compétents, et ceux-ci, en renvoyant les pièces communiquées au parquet de la cour, transmettent leur rapport sur le mérite de la requête.

Enfin, lorsque l'individu qui implore la clémence du souverain, a été condamné par un tribunal de simple police, il est d'usage, dans le ressort de la cour de Paris, de faire instruire le recours en grâce par le procureur impérial de l'arrondissement dans lequel se trouve ce tribunal.

Par exception, à Paris, c'est le commissaire de po-

lice faisant fonction de ministère public près le tribunal de simple police, qui fournit directement au
procureur général le résultat de ses investigations,
en même temps qu'il lui transmet son avis sur la
suite à donner à la demande.

Les renseignements que les procureurs impériaux
ou le commissaire de police, faisant fonction de
ministère public près le tribunal de simple police à
Paris, transmettent ainsi au parquet de la Cour impériale, y sont l'objet d'un second examen, et l'affaire y
est à nouveau étudiée par le procureur général, lequel fait parvenir au garde des sceaux un rapport
contenant son opinion personnelle sur l'opportunité
d'une mesure gracieuse.

Telles sont les bases sur lesquelles le ministre de la
justice assied son opinion en ce qui concerne le mérite
des suppliques qui sont parvenues entre ses mains. On
voit que, en résumé, c'est toujours le procureur général, dans le ressort duquel la condamnation a été prononcée, qui fournit à Son Excellence les renseignements nécessaires sur la suite qu'il y a lieu de donner
aux demandes en grâce. Il est inutile d'ajouter que le
chef du parquet de la cour n'est point lié par l'avis
des procureurs impériaux. Les conclusions de ces derniers qui, en réalité, sont ses substituts, n'ont d'autre
objet que d'éclairer la religion du procureur général
lequel est seul chargé de rédiger le rapport destiné à
être soumis au garde des sceaux.

§ 2. De l'instruction des recours en grâce dans les parquets.

Dès qu'un recours en grâce est parvenu à un parquet de cour impériale ou de tribunal de première instance, le chef de ce parquet doit demander au greffe le dossier de l'affaire, afin d'y étudier le procès et d'y vérifier, d'une manière précise, quelle est la condamnation prononcée. Les suppliants, en effet, ne font très-souvent connaître que d'une manière incomplète et inexacte les peines dont ils ont été frappés et peuvent ainsi induire en erreur les officiers du ministère public qui se contenteraient de leurs indications.

Une fois le dossier entre leurs mains, le premier soin des magistrats du parquet doit être de vérifier si le tribunal, devant lequel l'affaire a été portée, a effectivement rendu sa sentence; si les délais d'opposition, d'appel, de pourvoi en cassation sont expirés; en un mot, si le jugement est devenu définitif. C'est seulement dans ce cas qu'ils ouvriront l'instruction de la demande en grâce. Dans l'hypothèse contraire, la supplique n'ayant point d'objet, puisqu'un recours légal quelconque pourrait exister contre la sentence; il faudra, pour instruire la demande, attendre que le jugement ou l'arrêt soient inattaquables. Mais ce serait une erreur de croire que, toutes les fois que le jugement est devenu définitif, il y a lieu de commencer l'instruction du recours en grâce. Il peut se rencontrer, en effet, certaines circonstances où aucune mesure gracieuse ne pourrait intervenir.

Ainsi, les condamnés par contumace ne sauraient

être l'objet de décision souveraine d'indulgence, alors
même que le jugement est devenu définitif. Rebelles
à la loi qu'ils ne reconnaissent pas et dont ils ne veulent pas subir le joug salutaire, refusant de donner,
par leur présence aux débats, une première marque
de repentir, ils sont indignes de toute clémence et le
recours en grâce qu'ils forment est regardé comme
non avenu.

Prévoyant le cas où les délais légaux pour purger
la contumace ne seraient pas encore expirés, Le
Graverend a dit, avec beaucoup de raison, que « les
« jugements de contumace se trouvant anéantis de
« plein droit par la représentation de la personne
« condamnée, il n'y a pas lieu à faire grâce et que
« la grâce accordée dans ce cas serait une véritable
« abolition du délit. »

L'individu, qui a été condamné contradictoirement
et qui depuis a pris la fuite, est également indigne
d'indulgence, puisqu'il refuse de se soumettre au
châtiment qui lui a été justement infligé.

La voie gracieuse ne saurait donc être suivie utilement quand le suppliant a été jugé par contumace
ou quand il s'est enfui après un jugement contradictoire. Ce n'est que dans des cas tout exceptionnels,
et en général pour des faits politiques, que le prince
fait grâce à des individus qui se sont soustraits par
la fuite à la juste sévérité des lois.

Une circulaire ministérielle du 5 décembre 1843,
prescrit de ne pas attendre le résultat du pourvoi en
cassation pour fournir les renseignements d'usage au
garde des sceaux. Cette circulaire, prise à la lettre,

serait d'une exécution très-difficile. En effet, comme nous le verrons plus loin, le rapport du ministère public à la chancellerie doit contenir le résumé des faits qui ont motivé la condamnation ; or, le dossier étant transmis à la cour suprême, il serait impossible de satisfaire aux ordres du garde des sceaux sur ce point. Il y a donc nécessité pour le parquet d'attendre que le dossier lui soit parvenu.

L'habitude s'est d'ailleurs introduite dans le ressort de la cour impériale de Paris de ne transmettre le rapport au ministère que lorsque la cour de cassation a statué sur le pourvoi. Cet usage a été admis par la chancellerie. On comprend, en effet, que tant que la cour suprême n'a pas rendu son arrêt, la situation du condamné est en suspens, et qu'un avis, sur une peine qui peut être modifiée ou anéantie, serait au moins prématuré.

Lorsque le jugement est définitif et que le condamné ne se trouve pas dans l'une des situations particulières signalées plus haut, le premier effet du recours en grâce est de suspendre l'exécution de la peine, qu'elle soit corporelle ou pécuniaire, à moins, toutefois, que cette exécution ne soit déjà commencée. Nous devons, à cet égard, signaler une erreur qui est assez généralement répandue et qui consiste à croire que, dès qu'un recours en grâce est formé, l'exécution de la peine se trouve par cela même suspendue. Il est de principe, au contraire, que la demande en grâce n'a point cette valeur par elle-même. « Si la grâce ou le sursis ne vous sont point parvenus au moment où l'exécution doit avoir lieu, écrivait le garde des sceaux aux chefs de parquet, il est de votre devoir d'y faire procéder conformément à la loi. » Ce n'est donc que lorsque l'avis officiel du recours en grâce est parvenu de la chancellerie au parquet qu'il y a lieu de surseoir à l'exécution des peines.

Autrefois même, l'effet des recours en grâce était plus restreint encore; les circulaires ministérielles ont, pendant longtemps, recommandé aux magistrats des parquets de faire exécuter les condamnations, même lorsque le recours en grâce était l'objet d'une instruction et pendant le cours de cette instruction. Mais on a senti les inconvénients de cette manière de procéder : d'une part, le conseil d'État reconnut que les amendes, une fois qu'elles avaient été payées, ne pouvaient être remises par voie de grâce; d'un autre côté, les renseignements que les magistrats du ministère public doivent fournir demandent toujours un temps assez long pour être rassemblés. Aussi, arrivait-il souvent que les peines étaient expirées avant que le garde des sceaux n'eût été mis en mesure d'apprécier le mérite de la demande. Le recours en grâce était donc alors à peu près illusoire pour les condamnés à des peines d'une courte durée. Aussi la chancellerie s'est-elle départie de ce système rigoureux. Elle a décidé maintes fois, et c'est aujourd'hui une règle reconnue sans exception, qu'il doit être sursis à l'exécution des peines quelles qu'elles soient, dès que les officiers du ministère public ont été informés officiellement par le ministre de la justice que le condamné a formé un recours en grâce. L'exécution des peines doit rester en suspens tant qu'il n'a pas été statué sur la supplique. Si l'avis officiel de la demande en grâce n'a point été transmis au parquet conformément aux règles ci-dessus indiquées, les jugements et arrêts doivent être exécutés dans les délais prescrits par les circulaires ministérielles.

Il faut toutefois remarquer que si les condamnés ont formé une demande en grâce qui, au moment où ils doivent commencer à subir leurs peines, n'est point encore arrivée au parquet, les magistrats du ministère public peuvent, dans des cas particuliers et en présence de circonstances exceptionnellement favorables aux suppliants, accorder un sursis et laisser à la requête le temps de parvenir entre leurs mains. Dans de pareilles circonstances, ils en réfèrent d'urgence au procureur général, et le procureur général au garde des sceaux.

Son Excellence informe quelquefois les parquets qu'il ne sera donné suite au recours en grâce de tel ou tel condamné que lorsqu'il aura commencé à subir sa peine. Les magistrats devront faire connaître tout de suite la décision de la chancellerie au suppliant et donner avis au ministre de l'incarcération du condamné aussitôt qu'elle aura eu lieu. Mais, à moins d'un ordre formel de la chancellerie, les chefs de parquets des cours ou des tribunaux, dès que la demande en grâce leur a été officiellement notifiée, doivent prendre les mesures nécessaires pour que le condamné ne soit pas incarcéré et pour que l'administration de l'enregistrement ne reçoive pas le payement de l'amende.

Si le suppliant sollicite la remise des peines pécu-

niaires, les procureurs impériaux écrivent au directeur
de l'enregistrement et des domaines afin de faire surseoir, jusqu'à nouvel avis, au recouvrement de l'amende
et, dans tous les cas, pour demander des renseignements sur sa position vis-à-vis du trésor. Si, au contraire, la remise de l'amende n'est pas demandée, ou
s'il n'y en a pas eu de prononcée, c'est au receveur
de l'enregistrement que l'on doit s'adresser pour connaître si le condamné s'est libéré entre ses mains.

Quant aux peines corporelles, lesquelles doivent
être subies sans interruption, il importe qu'elles ne
reçoivent pas de commencement d'exécution. Les
officiers du ministère public feront donc rentrer, d'urgence, entre leurs mains l'extrait de l'arrêt ou du
jugement, s'ils l'avaient déjà transmis aux agents
chargés d'en assurer l'exécution.

En ce qui concerne les droits de la partie civile,
point de difficulté : ces droits restent entiers et la
décision gracieuse ne saurait y porter atteinte. *Princeps nunquam tollit jus quæsitum tertio*. Celui qui
a obtenu des dommages-intérêts ne peut donc être
arrêté dans ses poursuites, soit contre les biens, soit
contre la personne de son débiteur par le recours en
grâce de ce dernier. Mais les magistrats du parquet
devront demander à la partie civile si le condamné
s'est libéré à son égard et faire connaître, dans le
rapport au garde des sceaux, s'il est, ou non, encore
débiteur des dommages-intérêts prononcés contre lui.
L'empressement avec lequel le suppliant se sera acquitté envers la partie civile, ou la négligence et la
mauvaise volonté qu'il aura apportées à le faire, ne

seront pas sans avoir un certain poids dans la décision à intervenir.

Les procureurs impériaux écriront, soit au commissaire de police dans le quartier ou dans le canton
duquel le condamné demeurait à l'époque des faits
qui ont motivé son renvoi devant les tribunaux, soit
au maire de sa commune, afin que ces fonctionnaires
fournissent des renseignements sur sa moralité, sa
conduite, sa réputation, sa famille et ses moyens
d'existence. Ils demanderont les mêmes renseignements au commissaire de police ou au maire de son
domicile actuel.

Enfin, si le suppliant est détenu, il y aura lieu
d'inviter le directeur de la prison à faire connaître
quelle est sa conduite. Ce fonctionnaire devra de plus
indiquer exactement la date de l'entrée du condamné
dans la maison qu'il dirige et celle de sa sortie, s'il
est libéré.

En résumé, les procureurs impériaux, dès que la
demande en grâce est arrivée entre leurs mains, doivent, après s'être assurés que la sentence est devenue
définitive :

1° Se faire remettre le dossier de l'affaire par le
greffier ;

2° Faire suspendre toute mesure d'exécution de la
peine corporelle, pourvu toutefois que cette exécution ne soit pas déjà commencée ;

3° Écrire au directeur de l'enregistrement et des
domaines ou au receveur, selon les cas — au commissaire de police ou au maire du domicile du suppliant,
lors des faits qui ont motivé sa condamnation, ainsi

qu'au commissaire de police ou au maire de son domicile actuel — au directeur de la maison où il est détenu, s'il est incarcéré — à la partie civile.

Une circulaire du procureur général près la cour impériale de Paris, du 16 novembre 1820, prescrivait aux magistrats du ministère public d'écrire non-seulement au maire, mais encore au curé de la commune dans laquelle le suppliant demeurait au moment de sa condamnation, et au juge de paix du canton où cette commune était située, pour savoir d'une manière exacte quelle était sa conduite avant le fait qui avait motivé la condamnation, et pour s'assurer si la remise de la peine serait considérée par les populations comme un événement fâcheux ou désirable. Ces règles ne sont plus rigoureusement observées ; mais il importe que les magistrats du ministère public se forment, par les voies les plus rapides et les plus sûres, une opinion exacte et juste sur ces différents points.

Les actes d'instruction, qui viennent d'être indiqués, contiennent les éléments nécessaires du rapport du parquet au garde des sceaux.

Mais, dans certains cas particuliers, il est nécessaire de prendre des informations auprès d'autres personnes : par exemple, une amende a été prononcée contre un bijoutier à l'occasion de délits spéciaux, pour défaut de marque sur des objets d'or ou pour contravention en matière de garantie, ce n'est pas au directeur de l'enregistrement, mais au directeur des contributions indirectes, que le procureur impérial doit s'adresser pour obtenir les renseignements d'usage.

Lorsqu'un recours en grâce est formé pour un délit commis en contravention aux lois sur la douane, les informations nécessaires sont prises auprès du directeur de cette administration.

Souvent le suppliant invoque son état de maladie pour obtenir la remise de la peine de l'emprisonnement à laquelle il a été condamné. Le chef du parquet, régulièrement averti par la chancellerie, commet d'urgence un médecin pour visiter le détenu. Si sa santé n'est pas gravement atteinte, le procureur impérial attend, pour transmettre son rapport, qu'il ait recueilli tous les autres renseignements. Si, au contraire, la vie du suppliant est en danger, l'officier du ministère public doit le faire connaître sans retard au procureur général, afin que ce magistrat puisse en donner avis au garde des sceaux. Le rapport au ministre, en expliquant l'urgence, informe Son Excellence que les autres renseignements lui seront adressés dès qu'ils auront été réunis.

Il serait impossible de prévoir ici toutes les hypothèses dans lesquelles le ministère public devra ajouter à son rapport des renseignements spéciaux, non prévus par les règles que nous avons posées plus haut. Dans les différents cas qui pourront se présenter, les magistrats s'inspireront des circonstances; ils se rappelleront que leur principal devoir est de ne laisser dans l'ombre aucun point et qu'ils doivent éclairer aussi complétement que possible la religion du garde des sceaux sur le mérite des recours en grâce. L'instruction des suppliques exige beaucoup d'activité et de soin; elle doit commencer dès le moment où la demande parvient au parquet et se suivre sans interruption jusqu'au jour où les renseignements nécessaires étant rassemblés, le rapport peut être rédigé.

Ce rapport doit s'expliquer d'une manière précise sur :

1° Les nom, prénoms, domicile et profession du condamné;

2° La date et le lieu de sa naissance;

3° Son état civil (s'il est célibataire, marié ou veuf; s'il a des enfants légitimes ou naturels, et quel en est le nombre);

4° Les faits qui ont donné lieu aux poursuites;

5° La nature et la date de la condamnation, la juridiction qui a statué, les articles de lois appliquées.

Le rapport doit, en outre, faire connaître :

6° Si l'arrêt ou le jugement est devenu définitif;

7° A quelle époque remonte l'arrestation du suppliant; quelle a été la durée de sa détention préventive;

8° Depuis quel jour il subit sa peine, dans quelle maison; quelle a été sa conduite en prison et, s'il est libéré, quel est le jour de sa sortie;

9° Si les frais du procès et l'amende ont été acquittés;

10° Si des dommages-intérêts ont été alloués à la partie civile et s'ils ont été payés;

11° Quels sont les moyens d'existence, la réputation et la situation de famille du condamné;

12° Quels sont les antécédents de ce dernier; s'il a subi des condamnations antérieures et, dans ce dernier cas, la date et le motif de ces condamnations, la juridiction qui les a prononcées;

13° Si le recours en grâce doit être rejeté — ou si le suppliant paraît digne d'indulgence, et alors quelle mesure peut être proposée en sa faveur et quel effet cette mesure, si elle est adoptée, produira sur l'esprit public.

Le procureur impérial ne doit pas omettre de s'expliquer, en outre, sur l'état civil des complices ou des coauteurs du fait qui a motivé la condamnation, sur le rôle qu'ils ont joué dans l'affaire, sur les peines qu'ils ont encourues.

Il importe enfin de joindre au rapport :

1° La supplique et les pièces qui y étaient annexées;

2° La lettre par laquelle le directeur de l'enregistrement et des domaines fait connaître la situation du condamné vis-à-vis du trésor public. Ce document n'est toutefois transmis à la chancellerie que si une amende a été prononcée. Au cas où le suppliant a été condamné seulement aux frais du procès, il suffit d'indiquer, dans le rapport, que ces frais ont été payés ou qu'ils sont encore dus.

3° Le rapport médical, s'il en a été dressé un, sur l'état de santé du suppliant (1).

Les pièces de la procédure ne doivent être jointes

---

(1) Voir aux *Documents et Notes*, à la fin du volume, le modèle de rapport prescrit par M. le procureur général près la cour impériale de Paris aux procureurs impériaux de son ressort. Ce rapport doit être transmis au parquet de la cour dans les dix jours qui suivent celui où le magistrat de première instance a reçu l'invitation d'instruire le recours en grâce.

au rapport que dans le cas où le garde des sceaux en a réclamé expressément l'envoi.

Lorsque les individus qui ont formé un recours en grâce sont détenus dans les colonies ou dans les bagnes, la chancellerie est informée directement de leur conduite par les soins du ministre de la marine et des colonies. Les procureurs impériaux n'ont donc pas à recueillir de renseignements sur ce point.

N'oublions pas que le ministre de la justice consulte quelquefois les chefs de parquet des cours impériales sur la conduite d'individus, détenus dans les prisons de leur ressort, mais qui ont été condamnés par des tribunaux d'une autre juridiction et dont les recours en grâce sont par conséquent instruits par les parquets des cours ou tribunaux qui ont statué sur l'affaire. Dans ce cas, le procureur général consulté n'a qu'à donner son avis personnel sur la conduite du détenu, sans se préoccuper des autres renseignements qui sont transmis au garde des sceaux par les magistrats compétents.

§ 3. Des décisions souveraines sur les recours en grâce. — Des formalités qui en sont la suite.

Quand le garde des sceaux a pris connaissance du rapport du parquet de la cour impériale et qu'il s'est convaincu soit de la nécessité de maintenir la peine prononcée, soit de l'opportunité qu'il y aurait à l'atténuer ou à en faire remise complète; quand enfin, si la chose était nécessaire, il a, par tous autres moyens, éclairé sa conscience et sa religion, il propose à l'Empereur les mesures qu'il pense devoir utilement intervenir à l'occasion des recours en grâce. La décision de Sa Majesté est notifiée, par le ministre de la justice, au procureur général, qui est chargé d'en assurer l'exécution et d'en donner avis aux suppliants directement ou par l'intermédiaire de ses substituts, conformément aux distinctions que nous avons établies plus haut en étudiant les formes à suivre pour l'instruction des recours en grâce.

Les procureurs impériaux, en accusant réception de l'avis de rejet ou d'admission de la demande, informent le procureur général de la suite qu'ils ont donnée à la décision intervenue. Le chef du parquet de la cour a les mêmes obligations à remplir à l'égard du ministre pour tous les individus condamnés par la cour impériale, ainsi que par les cours d'assises, les tribunaux de première instance et les tribunaux de simple police de son ressort.

Les magistrats du ministère public doivent, en outre, veiller à ce que mention de la décision gracieuse soit faite en marge de la minute de l'arrêt ou du jugement. Les avis de rejet ne sont pas constatés sur les registres des cours et tribunaux.

Les procureurs impériaux ont soin encore de donner avis de la décision à la partie civile, s'il y en avait une dans l'affaire. Il est important pour celle-ci d'être informée du résultat de la demande en grâce. En effet, si remise est faite au condamné du restant de la peine, la partie civile étant prévenue prendra tout de suite des mesures conservatoires pour sauvegarder ses intérêts, et recommandera le condamné qui ne pourra obtenir son élargissement qu'après avoir satisfait aux légitimes réclamations du créancier.

En même temps qu'ils remplissent ces différentes formalités, les chefs de parquet doivent, ainsi que nous l'avons dit plus haut, donner avis aux condamnés du résultat de leurs suppliques, dès qu'ils en sont informés eux-mêmes, quel que soit ce résultat, et prendre toutes les mesures nécessaires pour assurer la prompte exécution de la décision impériale.

Le recours en grâce n'est-il pas accueilli? Si le condamné est incarcéré, la seule chose à faire est de le prévenir du rejet de sa demande, par l'intermédiaire du directeur de la prison. S'il n'a pas encore commencé à subir sa peine, le procureur impérial le fait incarcérer immédiatement.

Supposons maintenant que le châtiment ait été modifié et que, par exemple, la peine des travaux forcés ait été commuée en une autre d'un degré inférieur. C'est à l'autorité administrative qu'il appartient de veiller à ce que le gracié soit extrait, dans le plus bref délai possible, du bagne où il se trouve et soit placé, selon les circonstances, dans une maison de reclusion ou de détention. Lorsque remise est faite à un individu d'une partie de sa peine, il doit être mis exactement en liberté à l'expiration des délais prescrits par les lettres impériales. Enfin, quand la remise du châtiment corporel est pure et simple, le détenu est mis en liberté sur-le-champ.

Lorsqu'une mesure gracieuse intervient en faveur d'un individu subissant sa peine au bagne ou dans l'une des colonies pénitentiaires établies hors de France, le ministre de la justice en donne directe-

~ ment avis au directeur de ces établissements. Les
procureurs impériaux n'ont donc aucun soin à prendre
à cet égard.

Nous avons vu que le garde des sceaux consultait
les procureurs généraux sur la conduite d'individus
incarcérés dans les prisons de leurs ressorts, mais qui
avaient été condamnés par les tribunaux d'une autre
circonscription. Dans ce cas, c'est au procureur général, dans la circonscription duquel est détenu le
suppliant, et non à celui dans le ressort duquel il a
été condamné, qu'il appartient de prendre les mesures
nécessaires pour l'exécution de la décision souveraine
en ce qui concerne la peine corporelle. Toutes les autres formalités restent, d'ailleurs, à la charge du chef
du parquet de la cour impériale dans la juridiction
de laquelle la peine a été prononcée. Le ministère
public du lieu de la condamnation doit donc, aussitôt
qu'il en a reçu avis et sauf l'exception que nous venons de signaler, informer le directeur de la prison
où se trouve le suppliant, de la décision dont ce dernier a été l'objet, en même temps qu'il l'invite à se
conformer, en ce qui le concerne, aux lettres impériales.

Les mêmes principes régissent les rapports des officiers du parquet avec l'administration de l'enregistrement et des domaines. Dès qu'ils connaissent la
suite donnée à un recours en grâce en ce qui touche l'amende, ces magistrats font parvenir le résultat
de la décision au directeur de l'enregistrement, afin
que ce fonctionnaire ne poursuive pas le payement
de l'amende, si remise entière en a été faite au con-

4

damné; ou bien afin qu'il puisse réclamer, soit la totalité de l'amende prononcée, soit une partie seulement, selon que la supplique a été entièrement rejetée ou qu'elle a été accueillie en partie.

A l'origine, toutes les lettres e grâce devaient être entérinées par les cours; mais cette formalité entraînait des déplacements et des difficultés telles, qu'il fut résolu que toutes les décisions souveraines en seraient dispensées, sauf celles qui faisaient merci de la peine de mort. Il n'y a donc aujourd'hui que ces dernières qui doivent être entérinées.

De ce que nous venons de dire, il résulte que, dans le cas de toutes autres mesures de bienveillance souveraine, on ne délivre plus d'expédition de lettres de grâce destinée au condamné. Comme nous l'avons vu, le ministre se contente d'informer de la décision impériale le procureur général, lequel doit en faire donner avis à l'individu qui en est l'objet.

Lorsqu'une grâce est accordée à la suite d'une condamnation à mort, quelles sont les formalités à suivre?

S'il intervient soit la remise entière, soit une commutation de la peine, le garde des sceaux transmet au chef du parquet de la cour une ampliation des lettres impériales destinées à être entérinées. Ce magistrat doit veiller à ce que l'entérinement ait lieu en présence du commandant de gendarmerie qui s'y rend, non sur un réquisitoire, mais sur une simple invitation du procureur général, à laquelle il est tenu d'obtempérer.

L'entérinement doit avoir lieu en audience solennelle, à laquelle sont appelés tous les membres pré-

sents de la cour, même ceux de la chambre des mises
en accusation. Pendant les vacances, la chambre des
appels de police correctionnelle, qui fait fonction de
chambre des vacations, et celle des mises en accusation, doivent se réunir sous la présidence du plus ancien président; néanmoins, dans un grand nombre de
cours impériales, l'usage s'est introduit d'entériner les
lettres patentes en audience ordinaire de la chambre
où siége le premier président, et pendant les vacances,
à l'audience des chambres de vacation.

L'article 21 du titre XVI de l'ordonnance de 1670
prescrivait que « les demandeurs en lettres d'abolition,
« rémission et pardon fussent tenus de se présenter à
« l'audience, tête nue et à genoux, et qu'ils affirmas-
« sent, après qu'elles avaient été lues en leur présence,
« qu'elles contenaient vérité et qu'ils avaient volonté de
« les obtenir, et qu'ils s'en voulaient servir ; après quoi
« ils étaient renvoyés en prison. » Aujourd'hui, les formalités sont plus simples dans le cas d'entérinement :
le gracié est conduit à l'audience par la force publique
et il assiste debout et tête nue à l'enregistrement des
lettres impériales. Sur les réquisitions du ministère
public, le greffier donne lecture de la décision souveraine et le président prononce l'entérinement. Le
gracié est ensuite réintégré dans la maison de détention d'où il avait été extrait, ou mis en liberté, selon
que la peine a été seulement commuée ou qu'il lui
a été fait grâce pleine et entière.

La formalité de l'entérinement est mentionnée en
marge ou à la suite des lettres patentes. Le procureur
général doit aussi avoir soin de donner avis au garde

des sceaux que l'entérinement a eu lieu et, si le gracié n'est pas détenu dans le ressort de la cour, en transmettre une expédition à son collègue dans le ressort duquel cet individu est domicilié. Ce n'est que par faveur spéciale et sur l'ordre exprès de l'Empereur, que le gracié est dispensé d'être présent à l'entérinement. Toutefois, lorsque par suite d'une maladie ou pour toute autre cause grave, il ne saurait se présenter à l'audience, cette formalité peut, par exception, avoir lieu hors sa présence, sans qu'il en soit référé à Sa Majesté.

Le devoir d'entériner les lettres de grâce, qui incombe aux cours impériales, ne leur donne pas le droit de remontrance. Elles remplissent cette formalité sans nouvelle procédure, réclamation ou observation.

Si l'individu gracié vient à mourir avant l'entérinement des lettres de grâce, ces lettres restent déposées aux archives de la chancellerie. Il importe, toutefois, de ne pas oublier que la famille du condamné peut avoir intérêt à conserver un document officiel constatant la mesure dont il a été l'objet. Dans ce cas, la cour, chargée de l'entérinement, dresse un procès-verbal constatant l'impossibilité où elle a été de remplir la formalité de l'enregistrement sur ses registres, et une expédition de ce procès-verbal, dans lequel se trouve le contenu des lettres de grâce, est délivrée à la famille.

Nous avons déjà dit que le cas de condamnation à mort est le seul où la chancellerie délivre des ampliations de lettres de grâce. Dans toutes les autres circonstances, si les condamnés désirent avoir un do-

cument constatant la mesure souveraine dont ils ont
été l'objet, ils doivent s'adresser au greffe, à l'effet
d'obtenir, à leurs frais, un extrait du jugement ou de
l'arrêt de condamnation, sur lequel est mentionnée la
grâce intervenue en leur faveur.

II

GRACES GÉNÉRALES OU COLLECTIVES.

§ 1. Du caractère des grâces générales.

Le 6 février 1818, le roi Louis XVIII rendit une
ordonnance dans laquelle il décréta que « tous les
« ans, avant le 1er mai, les préfets adresseraient au
« ministre de l'intérieur la liste de ceux des con-
« damnés qui se seraient fait particulièrement remar-
« quer par leur bonne conduite et leur assiduité au
« travail, et qui seraient jugés susceptibles de parti-
« ciper aux effets de la clémence royale. »
Ces listes devaient être transmises au garde des
sceaux par le ministre de l'intérieur avec les observations et propositions qu'il jugerait convenable d'y
joindre. « Notre garde des sceaux, ajoute l'ordonnance,
« après avoir recueilli des renseignements auprès de
« nos procureurs généraux et ordinaires, dans le res-
« sort desquels auront été condamnés et se trouveront
« détenus les individus portés sur les listes, prendra
« nos ordres à leur égard, de manière que notre dé-
« cision puisse être rendue le 25 du mois d'août de
« chaque année, époque que nous fixons en mémoire

« du Saint Roi, notre aïeul, dont son amour pour la
« justice a plus particulièrement rendu le nom à ja-
« mais vénérable. »

Les grâces générales consistent donc en des mesures
d'indulgence qui sont une émanation directe et spontanée de la puissance souveraine.

Depuis 1818, les différents gouvernements qui se
sont succédés en France n'ont jamais manqué, à des
époques déterminées, et notamment à certains anni-
versaires, de distribuer un grand nombre de grâces
dans les bagnes, les maisons centrales et les prisons.

Le 18 août 1826, fut rendue une ordonnance royale,
d'après laquelle les grâces générales devaient être accordées le jour de la Saint-Charles.

Plus tard, une ordonnance du 13 avril 1833 décida
que ces grâces seraient distribuées le jour de l'avénement du roi.

Aujourd'hui, c'est à l'époque du 15 août, anniversaire de la fête de l'Empereur, que paraissent les décrets contenant les grâces collectives accordées par Sa
Majesté (1).

On trouve, depuis 1818 jusqu'en 1838, un grand
nombre de circulaires et de décisions ministérielles
indiquant les conditions que doivent remplir les détenus pour figurer sur les listes de présentation, et
réglant les formes à suivre dans les propositions de
grâce. Nous ne nous arrêterons pas aux distinctions
établies à cette époque, et d'après lesquelles deux

---

(1) Voir aux *Documents et Notes* un tableau des grâces collectives accordées depuis 1832.

sortes de listes de présentation devaient être dressées :
les unes contenant les condamnés à des peines afflictives et infamantes ; les autres comprenant les condamnés à des peines correctionnelles. Ces deux listes
furent plus tard réunies en une seule, laquelle devait,
sans différence de classes, contenir les propositions de
grâce pour tous les individus qui méritaient d'être
l'objet de la faveur royale.

Le 20 janvier 1838, une circulaire ministérielle
ordonna de substituer aux listes, dont nous venons de
parler, les notices individuelles que l'on a toujours
employées depuis cette époque et dont on continue à
faire usage.

Tout condamné à une peine temporaire qui a subi
la moitié de sa peine ; tout condamné à une peine
perpétuelle, qui est incarcéré depuis dix ans, ou
qui a été gracié une première fois et a subi la moitié
au moins de la peine substituée, peut être l'objet
d'une notice, c'est-à-dire d'une proposition particulière
de grâce.

§ 2. De l'instruction des grâces générales.

La notice est un tableau composé de huit colonnes,
dans lesquelles doivent trouver place différents renseignements sur chacun des condamnés qui sont dignes de mesures gracieuses ; il y a une notice spéciale
pour chaque individu. Les huit colonnes dont elle est
composée sont destinées à indiquer : la première, les
nom et prénoms du détenu — la deuxième, le crime
ou le délit qui a motivé la condamnation — la troi-

sième, la date de la condamnation — la quatrième, la
cour ou le tribunal qui l'a prononcée — la cinquième,
la nature et la durée de la peine — la sixième, le restant de la peine à subir au 15 août 18.. — la septième,
l'âge du condamné à l'époque du crime ou du délit—
la huitième, les faits qui, d'après la procédure, ont
donné lieu à la condamnation ; les observations et propositions du procureur général.

Sauf la huitième colonne, qui reste libre et doit
être remplie au parquet de la cour, les différents renseignements, devant trouver place dans les sept autres
colonnes, sont fournis par le directeur de la prison,
qui fait connaître, en outre, quelle mesure gracieuse
peut être prise en faveur du détenu et quels sont ses
titres à la clémence impériale (1).

La notice, une fois dressée dans la maison où le
condamné est incarcéré, est soumise au préfet du département dans lequel se trouve située cette maison.
Ce magistrat émet son opinion sur la suite à donner
à la proposition du directeur ; il peut même rayer le
nom de ceux des détenus qu'il regarde comme indignes d'indulgence. Toutes les notices sont ensuite
adressées, par ses soins, au ministre de l'intérieur, qui
les transmet au garde des sceaux. Son Excellence
communique à chacun des procureurs généraux celles
qui concernent les individus condamnés dans leur
ressort. Les chefs de parquets des cours impériales
sont chargés de relater succinctement sur la notice

(1) Voir aux *Documents et Notes*, à la fin du volume, un modèle de la notice individuelle en usage.

les faits qui ont déterminé la condamnation, de faire
connaître les antécédents du détenu et, enfin, d'é-
mettre leur avis personnel sur la proposition de grâce.
Ils doivent de plus contrôler, à l'aide du dossier de la
procédure, les divers renseignements fournis par le
directeur de la prison sur l'état civil de l'individu
proposé et sur la peine prononcée contre lui. Dans le
cas d'erreurs commises par l'autorité administrative,
ils auront soin de les rectifier.

A la différence de ce qui a lieu dans l'instruction
des grâces particulières, et pour la plus prompte expédition des grâces générales, les magistrats du ministère public ne demandent de renseignements sur
le condamné ni aux commissaires de police, ni aux
maires, ni au directeur de l'enregistrement, ni au
directeur de la prison, ni à toutes autres personnes,
à moins de circonstances exceptionnelles. La notice
contient d'ailleurs, comme nous venons de le voir,
des indications précises sur la conduite du détenu en
prison.

L'instruction est faite au parquet de la cour, lorsque le détenu a été condamné par la cour impériale
ou par la cour d'assises siégeant au chef-lieu du ressort. Dans toutes les autres circonstances, ce sont les
procureurs impériaux qui fournissent au procureur
général les renseignements nécessaires.

D'après les instructions émanées du parquet de
Paris, ces renseignements doivent faire connaître :

1° La date précise et le lieu de la naissance du
détenu ;

2° S'il est marié et s'il a des enfants ;

3° Ses antécédents, sa conduite habituelle et ses moyens d'existence;

4° Un exposé sommaire des faits qui ont motivé la condamnation;

5° L'opinion personnelle du procureur impérial sur la suite à donner à la proposition de l'autorité administrative (1).

Mais c'est dans tous les cas au procureur général qu'incombe le soin de rédiger la notice elle-même et d'y mentionner avec les faits qui ont donné lieu à la condamnation, son avis personnel sur la mesure d'indulgence qu'il convient de prendre.

Ainsi le rôle de l'administration et celui du ministère public sont bien distincts :

L'administration propose à la bienveillance impériale les condamnés qui, par leur conduite, leur travail, les marques de repentir qu'ils ont données, paraissent s'être rendus dignes de cette faveur.

Le ministère public, au contraire, examine si le crime ou le délit commis peut être pardonné, si la peine est ou n'est pas en rapport avec la faute, soit que les magistrats aient appliqué la loi d'une manière trop rigoureuse, soit qu'ils aient fait preuve d'une trop grande indulgence. Il faut que les officiers du parquet cherchent, non-seulement dans les circonstances du fait, mais encore dans la vie passée du

_____

(1) Voir aux *Documents et Notes*, à la fin du volume, les modèles de rapports prescrits par M. le procureur général près la cour impériale de Paris aux procureurs impériaux de son ressort. Ces rapports doivent être transmis, dans le plus bref délai possible, au parquet de la cour.

détenu, la connaissance aussi exacte que possible de son caractère, de ses instincts, de ses habitudes, de son naturel ; en un mot, qu'ils s'entourent de tous les renseignements qui peuvent éclairer leur religion.

C'est, d'ailleurs, dans l'étude du dossier que les magistrats doivent principalement trouver les motifs de leur opinion.

Les notices sont renvoyées à la chancellerie dès qu'elles ont été complétées. Il est statué sur les propositions administratives comme sur les recours en grâce émanés des condamnés.

Les notices relatives à des individus incarcérés dans un ressort autre que celui où ils ont été jugés, ou qui ont comparu devant une juridiction autre que la juridiction ordinaire, sont, suivant les cas, adressées par le garde des sceaux au procureur général, au commandant de la division militaire ou au préfet maritime du lieu de la condamnation, avec invitation de fournir les renseignements nécessaires et de renvoyer ces notices au ministère de la justice.

Quant aux individus détenus hors du territoire continental de l'Empire, le garde des sceaux fait compléter les notices par l'intermédiaire de ses collègues de la guerre et de la marine.

Quelques jours avant le 15 août, la chancellerie transmet aux officiers du ministère public le tableau des grâces accordées qui doivent être mises à exécution le jour de la fête de l'Empereur.

Les décisions gracieuses sont mentionnées en marge des minutes des arrêts et jugements de condamnation, dès que les parquets en sont informés. Les magistrats doivent, en outre, accuser réception au garde des sceaux de l'avis qui leur en a été donné.

Le 15 août, dans les bagnes et prisons, on réunit tous les condamnés, et le directeur proclame solennellement, en présence des autres détenus, les noms de ceux qui ont été l'objet de la bienveillance souveraine.

Au moment d'en finir avec les grâces générales, il importe de rappeler qu'il résulte d'une circulaire ministérielle du 15 avril 1820, que les procureurs généraux peuvent, de leur propre mouvement, recommander, par listes collectives, à la clémence souveraine les détenus qu'ils jugeraient dignes de cette faveur.

Il ne paraît pas que les chefs des parquets des cours aient jamais usé de ce droit d'une manière régulière. Depuis longtemps déjà, les procureurs généraux ont d'ailleurs abandonné l'usage de présenter de pareilles listes et d'appeler, dans cette forme, la commisération du chef de l'État sur les condamnés. Il ne reste donc aujourd'hui, comme grâces générales ou collectives que celles accordées à l'occasion de la fête du 15 août.

Au point où nous sommes arrivé et après avoir étudié les instructions minutieuses auxquelles donnent lieu les suppliques des condamnés et les propositions faites en leur faveur, on comprend quelle responsabilité incombe aux magistrats du parquet, lorsqu'ils participent à la mise en action du droit de grâce; les renseignements qu'ils fournissent et l'opinion qu'ils émettent, étant le plus souvent la base de la décision impériale.

III

GRACES A LA SUITE DE CONDAMNATIONS MILITAIRES
ET MARITIMES.

Outre les cours et tribunaux ordinaires, il y a en France les juridictions militaires et maritimes, devant lesquelles on suit une procédure particulière pour l'information des affaires criminelles qui en ressortissent.

L'instruction des demandes en grâce faites à la suite de condamnations prononcées par ces tribunaux spéciaux, a lieu également d'une manière qui leur est propre. Contrairement à la règle ordinaire, les juridictions militaires jouissent du droit de recommandation au souverain, mais seulement pour les délits relatifs au recrutement, d'après les lois des 10 mars 1811 et 31 mars 1832. Cependant, la jurisprudence pense, avec juste raison, que le droit de recommandation ne s'arrête pas seulement à l'espèce de délit que nous venons de mentionner, mais encore s'étend à tous les crimes et délits commis par les soldats sous les drapeaux, et qui ont été l'objet de condamnations pénales. Les tribunaux militaires, en pratique, ont toujours recommandé officiellement au chef de l'État les condamnés qu'ils reconnaissaient dignes de la bienveillance souveraine. Le premier effet de la recommandation est de faire surseoir à l'exécution de la peine jusqu'à ce qu'il ait été statué sur la demande en grâce.

Nous devons remarquer ici que le droit de recommandation n'appartient pas aux tribunaux ordinaires, jugeant, dans certains cas particuliers, des crimes commis par des militaires. Au cas d'instruction de demandes en grâce formées à la suite de condamnations prononcées par les tribunaux militaires et maritimes, les procureurs généraux et leurs substituts près des tribunaux de première instance ne sont chargés de recueillir aucun renseignement à l'occasion des suppliques adressées au souverain.

Les rapports sur les grâces à accorder sont directement adressés à l'Empereur par le ministre de la guerre et le ministre de la marine qui font faire les instructions nécessaires par leurs subordonnés.

Toutefois, le garde des sceaux, qui est en même temps ministre de la justice et des grâces, doit donner par écrit à ses collègues de la guerre et de la marine, son avis sur la demande. A cet effet, ceux-ci lui communiquent les pièces de la procédure avec leurs propositions. Dès que le garde des sceaux a fait connaître son opinion personnelle, l'affaire est soumise à Sa Majesté.

Quant à l'entérinement des lettres de grâce accordées à la suite de condamnations prononcées par les tribunaux militaires et maritimes, il ne peut être fait que par les cours impériales. Ces compagnies doivent procéder à cette formalité sur l'ordre du ministre de la justice, adressé au procureur général compétent.

CHAPITRE IV.

EFFETS DE LA GRÂCE.

Indulgentia quos liberat notat, nec infamiam criminis tollit, sed pœnæ gratiam facit.

L. 3, Cod., *De generali abolitione.*

La grâce, nous l'avons déjà dit, laisse subsister la contravention, le délit ou le crime commis, ainsi que la condamnation dont elle affirme la justice.

Elle n'affecte que les châtiments encourus; c'est là un principe qu'on ne saurait enfreindre sans jeter l'exercice du droit de grâce dans des difficultés qui seraient le plus souvent regrettables, impolitiques quelquefois, toujours contraires aux règles imprescriptibles de la raison, de la justice et de l'équité.

Les effets de la grâce sont les mêmes, soit qu'elle ait été provoquée par une supplique particulière, soit qu'elle ait lieu par voie de mesure spontanée du souverain. Nous étudierons successivement quels sont ces différents effets à l'égard : 1° de la culpabilité, du jugement et de la condamnation; 2° des frais de justice; 3° des tiers; 4° des peines principales; 5° des peines accessoires; 6° des peines disciplinaires.

Cette division nous paraît la plus rationnelle, et celle qui laissera le moins de place à la confusion.

I

EFFETS DE LA GRACE A L'ÉGARD DE LA CULPABILITÉ, DU JUGEMENT ET DE LA CONDAMNATION.

Un des principes fondamentaux qui dominent la matière, c'est que la culpabilité du gracié reste la même et est aussi grande après qu'avant la décision souveraine dont il a été l'objet.

Si la culpabilité semble atténuée depuis la condamnation, cela tient, non pas à la grâce, qui ne peut avoir aucun effet à cet égard, mais à des circonstances particulières qui se seront révélées postérieurement au jugement et desquelles il résultera que le condamné pourrait être moins coupable qu'il ne le paraissait tout d'abord. Dans ce cas, c'est la décision souveraine qui tire sa source de l'atténuation de la culpabilité, et non cette culpabilité même qui devient moindre par suite de la grâce.

Le prince ne saurait par voie gracieuse, soit apporter directement une modification quelconque au jugement de condamnation, soit déléguer à un autre pouvoir le soin de reviser la sentence des magistrats. Les arrêts et jugements ne peuvent être, en effet, l'objet de révisions que dans les cas prévus et selon les formes indiquées par le code d'instruction criminelle (liv. II, chap. III). Aussi, lorsque le 20 décembre 1813, des lettres patentes furent adressées à la cour de cassation, la chargeant de pourvoir par forme gracieuse à la révision d'une condamnation prononcée par le jury d'Anvers, il y eut dans ce fait une double illégalité au point de vue : 1° du respect dû aux jugements, tant qu'ils ne sont point attaqués par les voies juridiques ; 2° de l'excès de pouvoir qui était conféré à la cour suprême. Ces lettres patentes n'eurent d'ailleurs pas de suite.

La condamnation n'est pas non plus modifiée par la grâce, en ce sens que la mesure souveraine ne peut en contenir, ni la censure, ni le blâme. Ainsi, une grâce peut être accordée à un individu, et la peine prononcée contre lui, remise complétement ou commuée, sans que, pour cela, la condamnation doive être regardée comme ayant été prononcée injustement. Elle reste tout entière avec son effet moral, et l'infamie dont elle a frappé le condamné demeure également en son entier.

Sous l'ancienne législation, les lettres d'abolition avant jugement, qui anéantissaient le procès commencé et ne permettaient d'y donner aucune suite, affectaient sans contredit, de la manière la plus grave, la culpabilité ; puisqu'elles déclaraient innocent, ou du moins traitaient comme tel le prévenu, avant qu'il n'y eût de jugement rendu et de condamnation prononcée. Aujourd'hui, le droit de grâce n'entrave plus le cours de la justice à laquelle il vient en aide, au contraire, en lui servant, pour ainsi dire, de pouvoir modérateur. Il existe, sans doute, une décision ministérielle de laquelle il résulterait que, au cas d'ordre

exprès du garde des sceaux, il y aurait lieu de suspendre, soit l'information, soit le jugement, soit
l'exécution de la condamnation. En ce qui touche
la peine, il n'y a pas de doute qu'un avis de la
chancellerie puisse, par suite d'un recours en grâce,
en arrêter l'exécution; mais il est bien moins certain que le recours en grâce ait, même par l'intermédiaire du ministre, la puissance d'arrêter une
instruction ou d'empêcher le prononcé d'un jugement. La décision dont il s'agit n'a d'ailleurs jamais
été suivie en pratique; les principes mêmes de la matière s'y opposent. On ne peut, en effet, former un
recours en grâce qu'à l'occasion d'une condamnation,
puisque tant que la sentence n'a pas été prononcée, le
sort du prévenu est incertain. Toute supplique formée
avant ce moment est donc regardée comme non
avenue.

Nous avons vu, au chapitre de l'instruction des recours en grâce, que les procureurs impériaux ne
peuvent surseoir à l'exécution d'une peine que sur
un ordre exprès du ministre de la justice. L'avis,
qui serait donné à ces magistrats par le condamné
lui-même, qu'il vient de se pourvoir en grâce, ne
saurait suffire pour lui faire accorder des délais. Toutefois, dans ce dernier cas, si les circonstances sont
exceptionnellement favorables, les membres du parquet devront aussitôt en référer au ministre, et lui
demander ses instructions.

Nous savons qu'en cas de condamnation à mort,
les officiers du ministère public doivent, d'urgence,
et sans qu'il y ait de demande formée par le con-

damné, transmettre au garde des sceaux, les pièces de la procédure avec leur opinion sur l'utilité d'une mesure gracieuse.

Si le chef de l'État ne peut, par voie gracieuse, modifier lui-même, ou faire modifier par un autre pouvoir, les sentences des juges ; à plus forte raison les cours impériales, en entérinant les lettres de grâce, ne sauraient-elles toucher à l'arrêt de condamnation, en infligeant un blâme au gracié, ou en prononçant contre lui une peine quelconque, la surveillance de la haute police par exemple ou le bannissement. L'entérinement est aujourd'hui, comme nous l'avons dit au chapitre III, une simple formalité dans laquelle les cours souveraines ont un rôle purement passif, qui ne leur permet pas de suivre les anciens usages des parlements, soit en se refusant à remplir les formalités de l'entérinement, soit en faisant des remontrances au prince, soit enfin en prononçant une nouvelle peine contre le gracié.

Ainsi, le jugement ou l'arrêt demeure en entier ; il ne peut être modifié ni par la décision gracieuse, ni par la cour à laquelle il incombe d'entériner cette décision. Il est tellement vrai que la grâce n'affecte en aucune manière le jugement, que le gracié qui commet un nouveau crime ou un nouveau délit peut être condamné aux peines de la récidive comme s'il avait subi intégralement sa première peine.

La doctrine et la jurisprudence sont même d'accord sur ce point, à savoir que, si la grâce est intervenue avant le commencement d'exécution de la peine, au cas d'un second crime, les peines de la récidive doi-

vent être appliquées, puisque la grâce n'a détruit, ni
la culpabilité, ni la condamnation première.

II

EFFETS DE LA GRACE A L'ÉGARD DES FRAIS DE JUSTICE.

Les frais de procédure n'étant pas une peine, ne
peuvent, par conséquent, être en aucun cas l'objet
d'une remise par voie de grâce. Qu'est-ce, en effet,
que les frais, sinon les dépenses occasionnées par la
procédure et le jugement? Ces dépenses resteraient à
la charge de l'État qui en a fait l'avance, si, par les
lettres de grâce, il en était accordé remise aux condamnés. Dans le cas contraire, ceux-ci demeurent débiteurs du trésor public, placés sous le coup de tous les
moyens coercitifs que la loi met entre les mains de
l'administration de l'enregistrement des domaines
pour arriver au payement des sommes dues. On comprend facilement que si le prince pouvait, en accordant la remise des frais, empêcher le trésor de rentrer dans les dépenses par lui faites à l'occasion des
procès criminels, il appauvrirait ainsi l'État contre
toute justice.

Il est vrai qu'il existe quelques décisions de la
chancellerie d'après lesquelles les frais en matière
criminelle ne pourraient être remis implicitement
par voie de grâce, à moins pourtant qu'il n'en eût
été fait remise formelle par les lettres de grâce, ou
que le condamné en ait été dispensé pour une cause
d'insolvabilité dûment constatée. Mais on ne saurait

s'arrêter aux instructions contenues dans ces documents en présence des habitudes constantes du ministère de la justice qui n'a jamais accueilli de suppliques tendant à la remise des frais. On lit à cet égard dans Le Graverend : « Suivant une lettre de «M. le sous-secrétaire d'État au département de la justice, ayant alors le portefeuille, en date du 27 juillet 1821, adressée au ministre des finances, les frais «de poursuite ne sont point remis de droit par les «lettres de grâce ou de commutation de peines ; mais «ils peuvent l'être en vertu de la prérogative royale, «si les lettres l'expriment formellement. J'affirme «que d'après les décisions du ministre de la justice, «émanées de la direction des affaires criminelles et «des grâces, jusqu'au 1er janvier 1822, les frais de «justice n'ont jamais été remis par voie de grâce. »

Il résulte, d'un autre côté, des renseignements que j'ai eu le soin de recueillir à la chancellerie que, depuis cette époque jusqu'à aujourd'hui, aucune remise de frais n'a été faite par suite de décision gracieuse (1). De nombreux avis ministériels ont d'ailleurs, à diverses reprises, rappelé cette règle qui est fondamentale et dont on ne s'est jamais écarté.

Les tribunaux ont, à leur tour, sanctionné ce principe. La cour de Nancy a jugé, le 31 novembre 1845,

---

(1) Nous devons remercier ici M. Billecoq, chef du bureau des grâces au ministère de la justice et des cultes, de l'extrême obligeance avec laquelle il a bien voulu nous donner des renseignements précieux sur l'instruction des recours en grâce et sur l'effet des décisions souveraines.

« que les lettres de grâce n'accordaient pas aux con-
« damnés remise de la restitution ou remboursement
« envers l'État des frais de poursuite avancés par
« celui-ci, ni de la contrainte par corps attachée par
« la loi et les règlements à l'exécution de cette dispo-
« sition de l'arrêt. »

Il résulte de l'application de cette règle que les
termes de *faire grâce pleine et entière*, qui comprennent la remise de toutes les peines principales et accessoires, ne sauraient être entendus en ce sens que
les frais sont également remis.

Le payement des frais est garanti par la contrainte
par corps, que la loi a mise à la disposition de l'administration de l'enregistrement contre le condamné
débiteur envers le trésor. Une difficulté a été soulevée
à cet égard, c'est celle de savoir si on peut en faire
remise. La cour de Nancy, comme nous venons de
le voir, a tranché négativement la question. La contrainte par corps est, en effet, beaucoup moins une
peine qu'une conséquence de la dette envers l'État,
et dès lors ne peut pas plus être remise par voie
gracieuse que les frais eux-mêmes. Jamais, en pratique, il n'a été fait remise de la contrainte par
corps.

À ce sujet, dans son *Traité du régime pénitentiaire*,
publié en 1847, M. Bonneville de Marsangy, signale
un conflit qui s'établirait entre le droit de grâce et
le trésor public. Voici dans quelles circonstances : Il
pourrait arriver qu'au moment où le procureur impérial donnerait l'ordre de mettre en liberté un condamné qui viendrait d'être l'objet d'une mesure gra-

cieuse, le receveur de l'enregistrement requît le ministère public de suspendre son ordre de mise en liberté,
et recommandât le gracié comme débiteur des frais
envers le trésor. Afin de faire disparaître ce conflit re-
grettable, le savant auteur propose qu'il soit imposé
au suppliant, comme condition préalable à toute décision souveraine, de fournir une quittance de l'administration de l'enregistrement, constatant que les
frais ont été acquittés. Pour être dispensé de cette
obligation, il faudrait que les condamnés prouvassent
leur indigence personnelle et celle de leur famille;
dans ce cas d'insolvabilité absolue, les lettres de grâce
devraient contenir la remise expresse des frais de la
procédure.

Cette modification, proposée par M. Bonneville, a
trouvé des adversaires. En droit, a-t-on dit, il est impossible, sous le règne de la constitution de 1852,
d'établir comme règle absolue ce principe, proposé en
1847, que, pour être l'objet d'une décision gracieuse,
il faudrait auparavant avoir acquitté les frais de justice. Il serait contraire aux bases fondamentales de
l'Empire de poser ainsi des limites à l'exercice du
droit de grâce.

On a ajouté que les frais, n'étant pas une peine, ne
peuvent point être remis par voie gracieuse, même
lorsque l'état de complète indigence du condamné
aurait été démontré. En fait, quant au conflit signalé,
on a répondu que presque jamais, dans la pratique,
l'administration de l'enregistrement n'usait de son
droit de recommandation à l'égard d'un individu venant d'être gracié. Ce n'est qu'après un certain temps

écoulé, et après l'avoir à différentes reprises invité à acquitter sa dette, que le receveur demande l'incarcération du débiteur insolvable. D'ailleurs, en admettant que l'administration de l'enregistrement voulût user de son droit de recommander un gracié, on se demande d'après quels principes les directeurs et receveurs pourraient être empêchés de prendre les précautions qu'ils jugeraient nécessaires : il s'agit ici d'une véritable réparation civile envers l'État. Pourquoi ne pas accepter, quand c'est le trésor public qui les prend, des mesures qui sembleraient toutes naturelles venant d'un créancier ordinaire? Les intérêts de l'un ne doivent-ils pas être protégés autant, sinon plus, que les intérêts de l'autre?

Il faut bien remarquer, continue-t-on, que le droit de grâce ne reçoit aucune atteinte de la mise en pratique de la recommandation faite par l'administration de l'enregistrement, quelque rigoureux que puisse être cet acte conservatoire. Ce sont deux droits dont l'exercice marche parallèlement, sans se porter mutuellement aucune atteinte. On aurait tort de vouloir assimiler, en ce qui concerne les frais de justice, le recours en grâce au pourvoi devant la cour de cassation, lequel pourvoi n'est reçu et examiné qu'à la condition, tantôt d'une consignation préalable, tantôt de l'incarcération des requérants. Dans le premier cas, il s'agit, en effet, d'un acte de miséricorde et de pitié; dans le second cas, d'un acte de justice, et dès lors les règles à suivre ne peuvent être les mêmes.

En résumé, sous le règne de la législation actuelle, on ne saurait exiger des suppliants l'acquittement des

frais comme nécessairement préalable à toute mesure
gracieuse; il appartient à l'Empereur, seul, de placer
de pareilles bornes à sa clémence et de décider qu'il
ne sera donné suite à telle ou telle supplique que
lorsque les frais de justice auront été payés.

III

EFFETS DE LA GRACE A L'ÉGARD DES TIERS.

Princeps nunquam tollit jus quæsitum tertio. La grâce
ne peut porter aucun préjudice aux droits acquis à des
tiers.

C'est là une règle qui, de tout temps, a été res-
pectée en France et qui est basée, non-seulement sur
ce principe, que les dommages-intérêts n'étant pas
une peine ne peuvent être remis par voie de grâce,
mais encore sur un principe d'équité qu'il est facile
de comprendre, celui du respect de la propriété d'au-
trui. Les dommages-intérêts accordés par le jugement
appartiennent à la partie civile; c'est donc elle seule
qui peut décider si elle veut en faire, ou non, remise
au condamné. Elle a également seule le droit de libérer
son débiteur de la contrainte par corps qui a été prononcée contre lui.

Lorsqu'il a été pris une mesure quelconque au
sujet de peines pour lesquelles un recours en grâce
a été formé, il est, comme nous l'avons déjà vu, du
devoir du ministère public d'en donner de suite avis
à la partie civile. Elle sera ainsi mise à même d'agir
immédiatement et de sauvegarder ses intérêts avant

que le détenu ne soit rendu à la liberté. Si, en effet, il a été fait grâce à ce dernier du restant de sa peine, il ne pourra plus être retenu en prison qu'en vertu de la recommandation d'un créancier et notamment de celui au profit duquel les dommages-intérêts ont été prononcés par le jugement de condamnation.

Autrefois, les lettres de grâce contenaient toujours ces mots : « Satisfaction faite à partie civilement, tant « seulement... » ou « satisfaction préalablement faite « à la partie civile (1). » Aujourd'hui, la chancellerie n'exige pas d'une manière aussi constante le payement préalable des dommages-intérêts, mais il arrive très-souvent que le garde des sceaux refuse de donner suite à un recours en grâce tant que la partie civile n'a pas été désintéressée, ou que des arrangements ne sont pas intervenus entre elle et le condamné.

Dans ce cas, les intérêts des particuliers sont protégés par l'État lui-même, lequel force ainsi, en quelque sorte, les suppliants à acquitter leur dette, puisqu'ils savent qu'il ne sera statué sur leur recours en grâce qu'autant qu'ils pourront représenter une quittance constatant leur libération. Il faut bien remarquer que ce n'est point là un principe général de

---

(1) Le parlement de Paris a cependant décidé, le 14 décembre 1718, que, pour empêcher qu'un accusé ayant obtenu des lettres de grâce ne fût recommandé par ses créanciers, il y avait lieu d'ordonner quelquefois qu'il fût amené, sous bonne escorte, dans les prisons ainsi qu'au palais, et ensuite reconduit dans sa maison par un huissier, avec défense à ses créanciers de faire pendant ledit temps aucune recommandation de sa personne, sous peine de nullité.

la matière, mais un usage suivi dans certains cas particuliers, surtout lorsque le condamné est riche, et que
l'on peut craindre qu'il ne mette de la mauvaise volonté à payer plus tard son créancier.

S'il n'est pas possible d'établir comme règle qu'aucune suite ne sera donnée au recours en grâce dans
le cas où la partie civile n'aura pas été désintéressée, il
est du moins permis aux membres du parquet d'user
de leur légitime influence sur l'esprit des suppliants,
en leur faisant remarquer qu'ils rendraient leur position beaucoup plus favorable, en se libérant d'abord
entre les mains de leurs créanciers. Ils donneraient
ainsi un gage certain de leur repentir et de leur
bonne volonté à réparer les torts qu'ils ont pu causer.
Les officiers du ministère public ne doivent pas, bien
entendu, aller au delà de simples avis, et imposer des
conditions qu'ils n'ont pas le droit d'exiger.

Nous n'avons pas besoin de faire remarquer que
si la partie civile veut bien remettre au condamné
les dommages-intérêts prononcés contre lui, il n'est
pas permis à l'autorité d'exiger l'acquittement de cette
dette préalablement à toutes mesures gracieuses.

Lorsque nous disons que la grâce est sans effet favorable ou défavorable à l'égard des tiers, qui restent les
maîtres de diriger à leur gré leurs intérêts ; nous n'en-
tendons point parler seulement des intérêts pécuniaires, mais de tous autres, quels qu'ils soient. C'est
ainsi qu'une femme peut invoquer contre son mari,
condamné à une peine infamante, le bénéfice des
articles 306 et suivants du code Napoléon, et demander sa séparation de corps, alors même que la

peine prononcée aurait été l'objet d'une grâce ou d'une commutation. C'est là une solution régulière de ce principe, que la grâce ne saurait affecter la condamnation, qu'elle respecte au contraire et dont elle ne peut modifier les effets autres que les peines.

IV

EFFETS DE LA GRACE A L'ÉGARD DES PEINES PRINCIPALES.

Les peines se divisent en *peines principales*, qui sont corporelles et pécuniaires, et en *peines accessoires*. Avant d'étudier séparément les effets particuliers du droit de grâce à l'égard de chacune d'elles, il importe de rappeler ici les règles générales qui leur sont communes.

De quelles atténuations, de quelles modifications, de quelles remises les châtiments peuvent-ils être l'objet? Cette question a déjà été résolue précédemment en ce sens que le prince jouit, dans l'exercice du droit de grâce, d'une toute-puissance qui n'a d'autres limites que celles imposées à lui-même par sa propre conscience et les nécessités du bien public.

Les lettres impériales contenant une mesure d'indulgence en faveur d'un condamné, déterminent toujours d'une façon nette et précise quelles sont la sorte et l'étendue de la grâce accordée. La grâce peut être pleine ou entière, ou partielle, ou modificative du genre de peine, ou enfin sous condition.

—*Pleine et entière*, la grâce est la remise complète du châtiment en entier; de l'emprisonnement et de

l'amende, par exemple, si ces deux peines ont été
prononcées, et de toutes autres désignées dans la
sentence, sans exception aucune.

— Lorsqu'elle est *partielle*, la grâce est la remise,
soit d'une partie seulement de la peine, soit, s'il y en
a eu plusieurs de prononcées, de l'une ou de partie
seulement de l'une de ces peines, ou bien de partie
de chacune d'elles. En un mot, dans ce cas, la
grâce diminue le châtiment sans en changer la
nature.

— La grâce modificative du genre de peine, à laquelle on donne vulgairement le nom de *commutation*, est celle qui remplace la peine prononcée en une
autre d'un degré inférieur, par exemple les travaux
forcés en reclusion, l'emprisonnement en une amende.
Il faut remarquer, à cet égard, que le châtiment infligé par la justice ne saurait être commué qu'en un
autre légalement inférieur. Ce n'est donc pas le désir
du condamné qui doit être suivi comme règle, mais
l'échelle des peines établies par la loi. Il semble,
au premier abord, que la sévérité des châtiments
étant graduée selon la nature et la gravité des fautes,
le vœu des individus frappés par la justice devrait être
de voir la peine prononcée contre eux changée en une
autre d'un degré inférieur. Il n'en est cependant pas
toujours ainsi, et il n'est pas rare de rencontrer des
condamnés à la reclusion préférant subir la peine des
travaux forcés, pendant le même temps, dans une colonie pénitentiaire hors du territoire de l'Empire. Si
de telles demandes se produisaient dans les suppliques, il est facile de concevoir combien, en les ac-

cueillant favorablement, on jetterait de perturbation dans l'économie du code pénal, et on enlèverait à la loi elle-même, ainsi qu'à la justice, de leur légitime autorité. Aussi, ne peut-on citer une seule décision gracieuse commuant, sur le désir du suppliant, le châtiment prononcé par le jugement en un châtiment d'un degré supérieur.

Il n'est pas d'usage de commuer les peines des délits politiques en peines de délits ordinaires et *vice versâ*; ainsi de remplacer la déportation par les travaux forcés à temps, ou les travaux forcés à perpétuité par la détention; ces châtiments ont des caractères distincts comme les crimes qui les ont motivés, et l'on ne saurait confondre les uns pas plus que les autres.

Lorsqu'une peine a été commuée en une autre, les accessoires nécessaires de cette dernière peine doivent-ils forcément la suivre? Ainsi, un individu condamné à la peine de mort, qui aurait été commuée en celle des travaux forcés à temps, devra-t-il, en sortant du bagne, être mis sous la surveillance de la haute police, conformément aux dispositions de l'article 47 du code pénal.

Nous répondons à cette demande par l'affirmative. Ainsi qu'on peut le voir au paragraphe des peines accessoires, où nous traitons cette question d'une manière complète, il y a lieu d'appliquer ici le principe : *Accessorium sequitur principale.*

Mais les châtiments accessoires facultatifs, qui n'ont pas été édictés par le jugement de condamnation, ne sauraient être infligés aux suppliants par la voie de la grâce; ainsi on ne pourrait, en réduisant à deux ans la peine d'un individu condamné en cinq années d'emprisonnement pour vol, lui imposer, en plus, la surveillance de la haute police que le jugement n'aurait pas prononcée contre lui.

La grâce rend, en effet, la position du suppliant meilleure, mais ne saurait la rendre pire en lui infligeant un surcroît de peine dont l'avait dispensé la sentence des juges.

—La grâce est *sous condition* lorsqu'elle est accordée avec charge pour le condamné de faire ou de ne pas faire telle ou telle chose.

Il devra, par exemple, rester dans une maison de santé pendant un certain temps, ou bien il lui sera imposé de désintéresser la partie civile, de payer les frais du procès, ou de verser une somme d'argent au bureau de bienfaisance. Si ces conditions ne sont pas remplies religieusement, la grâce tombe de plein droit avec tous ses effets; et, s'il est en liberté, le condamné doit être réintégré en prison.

C'est aux officiers du ministère public qu'il appartient de veiller à la stricte exécution de la décision souveraine et, aussitôt qu'il y aura été transgressé, de demander au garde des sceaux les instructions nécessaires.

Si, par exemple, le condamné est gracié à la condition qu'il restera dans une maison de refuge, la grâce sera révoquée de plein droit si sa mauvaise conduite l'a fait chasser de la maison où s'il s'est enfui; il devra alors passer dans les prisons le temps de sa peine qui lui reste à subir. Toutefois les membres du parquet ne pourront procéder à son incarcération que sur un ordre exprès de la chancellerie.

L'usage s'est établi, aujourd'hui, de ne plus accorder que très-rarement des grâces conditionnelles. Lorsqu'on veut que le suppliant satisfasse d'abord à certaines obligations, c'est toujours avant de prendre aucune décision à l'égard de sa requête qu'on l'informe qu'il sera donné suite à sa demande, seulement au cas où il aura fait ce qu'on croit devoir exiger de lui. Selon qu'il a ou n'a pas rempli les conditions imposées, la décision dont il est l'objet est ou n'est pas favorable. Mais, une fois accordée, la grâce est sans aucune restriction; ses effets sont immédiats et non interrompus.

Quelle que soit la décision gracieuse prise par le souverain, les effets qu'elle produit sont soumis aux deux principes fondamentaux suivants : *l'irrévocabilité* et la *non-rétroactivité* de la mesure souveraine.

Le conseil d'État a reconnu à cet égard que « la « grâce ne saurait emporter un effet rétroactif, qu'elle « fait cesser la peine, prend le condamné dans l'état « où il est et ne lui rend pas ce qu'il a perdu ou « payé; enfin, que si la grâce n'a point un effet rétroactif, elle doit avoir un effet présent qui fasse « cesser toutes peines et toutes poursuites de la part « de la partie publique. » (3 janvier 1807.)

Les motifs sur lesquels sont basées ces deux règles se comprennent facilement :

La non-rétroactivité, en ce qui concerne les peines corporelles, tient à la nature même des choses; car il est matériellement impossible de rendre à un individu qui a été détenu pendant un certain temps, la liberté dont il a été privé.

En ce qui concerne l'amende, quelques doutes, au premier abord, sembleraient pouvoir s'élever, et il paraîtrait naturel que la décision souveraine ordonnât la restitution, au condamné, de la somme par lui payée précédemment entre les mains du receveur de l'enregistrement.

Mais, outre qu'un tel système eût jeté certainement un trouble fâcheux dans la comptabilité du trésor public, il était à désirer que l'homogénéité la plus complète se trouvât entre les effets produits par la grâce sur les différentes peines, quelle que fût d'ailleurs leur nature. Il y eût eu, en effet, quelque chose d'illogique à ce que la grâce modifiât l'application d'un châtiment auquel il avait déjà été satisfait. Les choses qui existent peuvent seules être l'objet de modifications quelconques ; or l'amende qui a été payée, pas plus que l'emprisonnement qui a été subi, n'existent en tant que peine à acquitter ; ni l'une ni l'autre ne peuvent, par conséquent, être l'objet d'une mesure gracieuse.

L'irrévocabilité des décisions souveraines s'explique également, selon nous, par de sérieuses raisons de justice et d'humanité. Du moment où le condamné a été reconnu digne d'une mesure d'indulgence, la décision du prince prend, en quelque sorte, la place de la sentence des juges, en ce qui concerne, non pas la constatation et la qualification des faits, mais l'application de la peine ; elle a donc le caractère d'un jugement émané de l'autorité compétente. Aussi, de même que les tribunaux, pour un motif où pour un autre, ne pourraient, à l'occasion du même fait, aggraver par la suite une condamnation primitivement prononcée, de même on ne saurait, en aucun cas, revenir sur la grâce accordée à un condamné, par exemple en le réintégrant en prison lorsqu'il en est sorti.

Il n'en est pas ainsi en Belgique, où les décisions royales sont essentiellement révocables. « Les réduc-« tions de peines, accordées à titre de grâce, ne seront « jamais que conditionnelles, de manière à ce que les « détenus, qui n'auraient pas continué de se bien « conduire, puissent être privés de tout ou partie des « réductions accordées précédemment. » (Belgique, *Arrêté sur l'exercice du droit de grâce*, 1831.)

Le projet du nouveau code portugais contient le même principe. En France, au contraire, quelque mauvaise et condamnable que puisse être par la suite la conduite du condamné, qu'il soit encore en prison ou qu'il ait obtenu son entière libération, la grâce dont il a été l'objet est irrévocable, et personne, ni le chef de l'État lui-même, ni les magistrats de l'ordre administratif ou judiciaire ne peuvent revenir sur la décision souveraine.

Les auteurs, qui soutiennent ce dernier système, disent qu'en admettant que le principe de la révocabilité des mesures gracieuses pût être établi sous le règne de la constitution de 1852, ce qu'ils nient, cette faculté ne pourrait être d'aucune utilité :

Si, en effet, un nouvel acte coupable, tombant sous l'application de la loi pénale vient à être commis

par le gracié, qu'il soit incarcéré ou qu'il jouisse de
sa liberté, il sera, de nouveau, traduit devant les tribunaux et condamné. Si, au contraire, il s'agit simplement de la mauvaise conduite qu'il tient en prison
depuis qu'on lui a fait remise d'une partie de sa
peine, sans que les fautes qu'il a commises puissent
être l'objet de condamnations pénales, le directeur
de la maison usera à son égard des moyens nombreux
de punition mis entre ses mains, pour la répression
des fautes commises par les détenus.

S'il est sorti de prison par suite de la décision
souveraine, il est difficile de concevoir comment
l'autorité pourra être mise à même de connaître,
d'une manière exacte et précise, quelle est la conduite du gracié. Pour atteindre ce but, il faudrait
le placer sous une surveillance spéciale, qui aurait de
grands rapports avec celle de la haute police, et
qui devrait être plus sévère pour être plus efficace.
Mais serait-il légal d'imposer ainsi à un individu une
peine, car cette surveillance serait une peine véritable, que la loi n'édicte pas? Et, en l'admettant pour
un moment, continuent les partisans du système suivi
en France, si le gracié a commis un crime ou un
délit puni par les lois pénales, point de difficulté,
ainsi que nous l'avons vu plus haut, il sera renvoyé
devant les tribunaux compétents. Mais s'il ne s'est
rendu coupable que de fautes légères, condamnables
aux yeux de la morale stricte et non punies par le
législateur, qu'arrivera-t-il? Est-ce que, comme punition, on le réintégrera en prison? Mais alors ce serait enlever au droit de grâce son caractère d'acte

souverain et suprême, et le réduire à un moyen d'action au service des autorités civiles ou judiciaires, le faire sortir en quelque sorte des mains du chef de l'État pour le remettre entre celles d'un fonctionnaire public qui, à son gré, pourrait laisser courir ou arrêter les effets de la décision du prince. Inutile de faire remarquer qu'un pareil état de choses serait essentiellement contraire aux constitutions de l'Empire; nous venons de voir qu'il serait sans utilité pratique.

Le principe de l'irrévocabilité est à ce point un des caractères fondamentaux attachés aux effets de la grâce qu'une mesure de bienveillance, même accordée par erreur à un condamné qui en était indigne, lui est à tout jamais acquise. Le bénéfice de la grâce ne saurait lui être ravi pour ce motif, et elle doit produire à son égard tous les effets qu'elle comporte d'ordinaire.

Lorsqu'un individu, qui a été gracié une première fois vient, à la suite de nouvelles fautes, à être encore frappé par la justice, il pourra devenir l'objet de mesures de bienveillance souveraine qu'il est permis de rendre aussi nombreuses que le seront ses condamnations. Il n'est pas nécessaire d'ajouter que, dans des cas semblables, si le droit du chef de l'État reste entier, il n'en fera usage qu'avec une extrême réserve, la récidive du condamné étant une preuve de son manque de repentir et de son peu d'amendement. Nous devons remarquer d'ailleurs que cette règle est en opposition complète avec le droit romain qui refusait aux récidivistes le bénéfice de la grâce : « *Iterata delicta*

veniam non merentur, » et avec notre ancien droit
français, qui était à cet égard aussi sévère : « *Non po-
terit liberari, is qui sæpius admisit delictum.* » Comme
la plupart de celles qui l'ont précédée, la constitution
de 1852 ayant remis purement et simplement le droit
de grâce entre les mains de l'Empereur, sans apporter
aucune limite à son exercice, le prince peut, lorsqu'il
le juge convenable, en faire usage en faveur des récidivistes.

Par contre, l'individu qui, gracié à la suite d'une
première condamnation, commettrait un nouveau
crime ou un nouveau délit, serait passible des peines
de la récidive, comme il l'aurait été s'il avait subi
intégralement le châtiment prononcé contre lui. C'est
là une application de ce principe que la grâce affecte
la peine et non la condamnation.

Lorsqu'il y a eu commutation d'une peine en une
autre, ou remise d'une partie de celle qui a été prononcée; ce qui reste à subir du châtiment peut être
l'objet de nouvelles mesures d'indulgence jusqu'à ce
que, soit par une dernière décision gracieuse, soit par la
fin naturelle de la peine, le condamné ait été rendu à
la liberté dans le cas de châtiment corporel.

En ce qui concerne l'amende, la peine prend fin, ou
par la remise entière que l'Empereur en fait, ou par
le payement qui est effectué par le condamné, de la
somme à laquelle elle avait été réduite.

Il n'y a aucune exception aux deux règles absolues
que nous venons de voir, la non-rétroactivité des
mesures gracieuses et leur irrévocabilité. En un
mot, la grâce respecte le passé et n'a d'effet que sur

le présent et l'avenir, mais ses effets sont irrévo-
cables.

Maintenant que nous connaissons les règles concernant les effets produits par la grâce sur les châtiments
en général, nous allons étudier successivement quels
sont les effets particuliers qu'elle peut produire à
l'égard des peines corporelles et des peines pécuniaires.

§ 1. Peines corporelles.

Les peines corporelles sont celles qui frappent le
condamné d'une manière physique, si nous pouvons
nous exprimer ainsi, en le privant soit de la vie, soit
de la liberté, pendant un temps plus ou moins long.
Il est inutile de faire remarquer, ici, qu'il ne faut pas
comprendre, sous le titre de peines corporelles, des
excès ou violences quelconques, exercés sur la personne du condamné, puisque notre code pénal, à son
honneur, ne mentionne aucun châtiment de cette
nature.

Les peines corporelles sont : la mort, les travaux
forcés à perpétuité, la déportation, les travaux forcés
à temps, la détention, la reclusion, l'emprisonnement à temps dans un lieu de correction (art. 7 et 9
du code pénal).

Ces différents châtiments peuvent être l'objet de remises complètes, partielles ou sous condition, ainsi que
de commutations. Sur ce dernier point, on a vu plus
haut que la grâce devait suivre l'échelle des peines,
en descendant du degré supérieur aux degrés inférieurs ; toutefois, nous avons signalé une exception

à cette règle : c'est que les peines des délits communs ne devaient jamais être commuées en des peines politiques. La déportation ne sera donc jamais remplacée par les travaux forcés à temps, ni la détention par la reclusion. Il faut, en outre, remarquer que de pareilles grâces seraient dérisoires, car, en réalité, le nouveau châtiment serait plus dur que celui qu'il aurait remplacé. Il importe d'autant plus de ne pas confondre ces divers genres de peines, que la grâce ne pouvant être refusée par celui qui en est l'objet, l'acte de bienveillance pris à son égard deviendrait pour lui, dans ce cas, une aggravation de peine.

Il est inutile de dire que, par le droit de grâce, on ne peut commuer un châtiment en un autre qui ne serait point édicté par le législateur, par exemple, vingt années de travaux forcés en vingt ans d'emprisonnement. C'est dans le code pénal que doivent être prises les peines devant remplacer celles prononcées par les tribunaux. Agir autrement, serait créer des châtiments et refaire la loi, ce qui sortirait des limites tracées au droit de grâce.

La remise qui est faite d'une partie de la peine peut être exprimée de deux manières différentes : S'il s'agit, par exemple, d'un individu condamné à six mois d'emprisonnement, lorsque la décision souveraine réduit la peine à quatre mois, il n'y a aucune difficulté; le jour où quatre mois se seront écoulés depuis celui où le gracié est entré en prison, ce dernier sera mis en liberté. Mais supposons maintenant que les quatre mois, pendant lesquels il devra rester incarcéré, soient indiqués comme courant à partir des lettres de grâce ; il faut bien remarquer, dans ce cas, que ce n'est pas au jour où avis de la grâce est donné, soit au procureur impérial, soit au directeur de la prison, que l'on doit se reporter pour calculer le point de départ de la durée de l'emprison- nement ; c'est à partir de la date même du décret que devra courir le temps pendant lequel il faudra que le condamné demeure en prison.

Les lettres de grâce sont, en général, conçues en termes si nets et si précis qu'aucun doute ne peut s'élever sur la portée de la décision du chef de l'État ; mais lorsque, par hasard, il peut y avoir quelques doutes, il appartient au ministère public de recher- cher avec le plus grand soin quelle a été la volonté du prince, et de fixer l'époque où, par suite de la me- sure dont il a été l'objet, le condamné sera défi- nitivement libéré. Si des difficultés trop sérieuses se présentaient sur ce point, les procureurs impériaux devraient en référer de suite au procureur général et celui-ci au garde des sceaux. Nous avons déjà vu que le doute sur la portée d'une décision gracieuse doit toujours profiter aux condamnés et qu'il faut s'ar- rêter de préférence au sens qui leur est le plus fa- vorable.

Parmi les difficultés qui peuvent se présenter en pratique à l'égard des effets de la grâce, on cite sou- vent l'hypothèse suivante : un individu s'est rendu coupable de plusieurs crimes pendant un certain laps de temps. Supposons qu'un seul, celui commis en dernier lieu, soit connu de la justice et forme l'objet d'une instruction à la suite de laquelle une condamnation intervienne; qu'arriverait-il au cas où les crimes antérieurs à celui qui a motivé la condamnation viendraient à être découverts par la suite?

Si les peines applicables à ces crimes sont supérieures à celle prononcée dans le premier arrêt, il faudra faire de nouvelles poursuites et traduire l'individu devant les tribunaux. Si, au contraire, les peines édictées sont moins fortes que celle appliquée la première fois, il n'y aura pas lieu de donner suite à ces affaires (art. 265 et 379 du code d'instruction criminelle).

Aucune difficulté sur ce point.

Supposons maintenant, en nous plaçant dans cette dernière hypothèse, que le souverain ait fait grâce au condamné de la peine unique prononcée contre lui; ses crimes antérieurs venant à être connus par la suite, pourra-t-il être poursuivi sur ces nouveaux chefs?

Il faut répondre négativement. La position de cet individu ne saurait être changée par l'acte de bienveillance dont il a été l'objet, et il ne peut pas plus être recherché à l'occasion des autres faits que s'il avait subi en réalité sa peine.

Lorsque deux crimes, donnant lieu tous deux à une condamnation capitale, ont été commis par un individu, qu'arrivera-t-il au cas où le coupable aura été condamné à mort pour le second fait seulement, puis gracié; pourra-t-on exercer de nouvelles poursuites contre lui à l'égard du premier crime? La question doit être résolue affirmativement. En effet, dans l'espèce, la peine du premier crime édicté par la loi

n'est pas moins forte que celle prononcée pour le
second, puisque c'est la même. Le condamné ne sera
donc pas admis à exciper de la mesure d'indulgence
prise en sa faveur pour se refuser à de nouvelles poursuites concernant le premier crime, et il pourra être
condamné pour ce fait à la peine capitale.

Ces solutions aux questions proposées ne sont d'ailleurs qu'une nouvelle application de ce principe que
la grâce affecte seulement le châtiment et laisse en
leur entier le jugement et la condamnation.

Nous savons que la grâce modifie les peines quelles
qu'elles soient; elle a également le pouvoir d'apporter
des modifications dans la manière d'être de ces peines. Un détenu peut donc implorer la bienveillance
souveraine pour que le châtiment prononcé contre lui
ne soit pas exécuté dans toute sa rigueur, par exemple, solliciter la faveur de subir dans une maison de
santé la peine de l'emprisonnement qui lui aura été
infligée.

Mais il faut reconnaître que, dans ce cas et dans
tous ceux qui sont du même genre, il s'agit moins
d'une décision gracieuse à obtenir de la puissance
souveraine que d'une mesure d'administration. Aussi
est-ce au préfet de police, à Paris, et aux préfets,
dans les départements, que l'on s'adresse d'ordinaire pour les modifications que l'on désirerait dans
l'application d'une peine. Ces sortes de requêtes ont
lieu le plus souvent dans les circonstances suivantes :

Tous les individus, frappés de plus d'une année
d'emprisonnement par le tribunal de Paris, sont transférés dans des maisons correctionnelles établies dans

des départements autres que celui de la Seine. En province, les maisons d'arrêt des chefs-lieux d'arrondissement ne conservent que les individus condamnés à une peine d'un certain temps limité, trois mois, quatre mois, par exemple.

Il arrive quelquefois que des individus, condamnés à un emprisonnement d'une certaine durée, ne permettant pas qu'ils subissent leur peine soit à Paris, soit dans la ville où siége le tribunal qui les a jugés, désirent rester dans les prisons de la capitale ou du lieu de leur condamnation, afin de n'être pas éloignés de leur famille et de leurs affaires d'intérêt.

Ces individus doivent adresser leurs demandes, à Paris, au préfet de police, et, dans les départements, aux préfets. Ces requêtes sont communiquées au ministère public du lieu de la condamnation qui fournit son avis sur la suite qu'il y aurait à y donner. L'autorité administrative décide ensuite. Nous devons, à cet égard, faire remarquer que conformément à la loi, il appartient aux officiers du ministère public de surveiller l'exécution des peines. En conséquence, à toutes réquisitions de ces magistrats, les portes des prisons doivent leur être ouvertes, afin qu'ils puissent constater si les châtiments sont exécutés conformément à la teneur des jugements qui les ont prononcés. Ce droit des magistrats du parquet n'est mis en doute par personne. Mais on a essayé de leur dénier le pouvoir de commettre telle personne qu'ils jugeraient convenable pour faire, en leurs nom et place, les constatations nécessaires. C'est ainsi que certains directeurs de prisons auraient élevé la prétention que, dans le cas où un détenu formait un recours en grâce basé sur son état de santé, le docteur de la maison avait, seul, le droit de visiter le malade, et ils avaient, en conséquence, refusé l'entrée de leur maison à l'homme de l'art envoyé par le procureur impérial.

Une telle prétention était contraire, à la fois, et au texte et à l'esprit de la loi ; aussi a-t-il été décidé par le garde des sceaux, d'accord avec le ministre de l'intérieur, que le médecin commis par un officier du parquet pour examiner un détenu malade, devait être mis par le directeur à même de remplir son mandat dans la prison, dont l'accès lui serait ouvert, ainsi qu'il le serait au magistrat lui-même. Ce point ne fait plus aujourd'hui aucune difficulté.

La loi du 30 mai 1854, qui veut qu'à l'avenir les peines des travaux forcés soient subies dans des établissements créés sur le territoire de certaines possessions françaises, établit que l'individu, qui aura subi sa peine, devra rester dans la colonie pendant un temps égal à la durée de la condamnation, si elle avait été moins de huit années. Si la peine est de plus de huit années, il devra y rester toute sa vie.

Le législateur, voulant moraliser les condamnés en même temps qu'il prenait soin que la peine à infliger fût en rapport avec la faute commise, chercha à les ramener à des sentiments d'ordre et de conduite honnêtes, par le travail. Ainsi, ceux qui se sont fait remarquer par leur repentir, peuvent obtenir l'autorisation de travailler pour les habitants de la colonie ou pour les administrations locales. Des terrains leur sont concédés avec la faculté de cultiver pour leur propre compte. L'exercice en tout ou en partie des droits civils dont ils ont été privés par leur état d'interdiction légale, peut également être rendu, avec certaines restrictions et dans certains cas, aux condamnés aux travaux forcés à temps. Ces différentes faveurs, d'après les termes précis de la loi elle-même, sont accordées par voie de décision souveraine.

La simple autorisation du gouverneur suffit pour permettre aux condamnés libérés de quitter momentanément la colonie, sans qu'ils soient jamais autorisés à se rendre en France. Mais s'ils veulent être dispensés pour toujours de l'obligation de la résidence, ils doivent s'adresser à la clémence de l'Empereur, qui peut seul leur en faire remise (1).

Quand un individu, condamné aux travaux forcés à temps, a été gracié de ce châtiment, il n'est donc point par cela même dispensé de la résidence qui est une véritable peine corporelle accessoire. Pour qu'il lui soit permis de s'éloigner à jamais de la colonie, il faut que les lettres de grâce, par une disposition spéciale, l'y autorisent.

Lorsque la remise d'une peine corporelle est faite sous une condition quelconque, le devoir du ministère public est de vérifier, avant de remettre le détenu en liberté, si la condition exigée a été remplie. Si,

---

(1) Voir aux *Documents et Notes* un extrait du rapport de Son Excellence M. Baroche, garde des sceaux, ministre de la justice et des cultes, à Sa Majesté l'Empereur, sur la justice criminelle pendant l'année 1863.

par exemple, la grâce a été accordée à la charge, par
le suppliant, de faire don d'une somme déterminée
à un établissement public destiné à venir au secours
des indigents; il y a là pour le gracié une obligation
dont les officiers du parquet ne sauraient le dispenser.
Ce serait donc en vain qu'un individu, condamné à
l'emprisonnement et gracié à la condition de verser
dans une caisse de bienfaisance une certaine somme
d'argent, argumenterait de son propre état d'indigence pour être rendu à la liberté sans accomplir
les conditions édictées par la décision souveraine. Le
procureur impérial devra s'en tenir aux termes mêmes
de cette décision, et, tant que la somme indiquée n'aura
pas été versée par le condamné ou en son nom, il
devra être maintenu en état de détention.

Si la peine prononcée a été commuée en une autre,
la durée de la prescription se règle, non d'après la
nature du châtiment ordonné par le jugement, mais
d'après celle du châtiment substitué; ainsi une peine
afflictive et infamante ayant été commuée en un emprisonnement correctionnel, la prescription de cette
dernière peine n'est pas de vingt ans, mais de cinq
ans seulement (art. 635 et 636 du code d'instruction
criminelle.)

Nous trouvons dans cette règle une nouvelle preuve
du principe établi plus haut, à savoir que la peine
désignée par les lettres de grâce prend, de la façon la
plus absolue, la place du châtiment prononcé par le
tribunal.

Avant d'étudier les effets de la grâce à l'égard des
peines pécuniaires, il importe de dire quelques mots

de la détention particulière édictée par l'article 66 du code pénal, détention qui n'est pas, il est vrai, légalement un châtiment, mais dont les effets ont de grands rapports avec ceux produits par les peines corporelles. D'après les dispositions de cet article, les mineurs de moins de seize ans, acquittés comme ayant agi sans discernement, peuvent cependant ne pas être rendus à la liberté.

Dans ce cas, ils sont élevés dans une maison de correction pendant un certain temps qui ne saurait excéder l'époque où ils ont accompli leur vingtième année. Cette détention peut-elle être l'objet d'une mesure de grâce? Nous ne le pensons pas. « Cette dé- « tention n'est pas une peine puisque le jeune homme « est acquitté; c'est plutôt une mesure purement pré- « ventive qui doit empêcher le jeune délinquant de « porter atteinte à l'ordre public pendant le temps « de sa détention; elle l'empêche de récidiver plus « tard, en développant par l'éducation ses facultés « morales, en le mettant à même de gagner sa vie à « l'époque de son élargissement. De ce que la déten- « tion n'est pas une peine, il faut conclure que le Roi « ne peut, en vertu du droit de grâce, la faire cesser « avant l'expiration du terme fixé par le jugement. »

Ces considérations, que nous tirons d'un savant rapport adressé par M. le procureur général près la cour d'appel de Gand à M. le ministre de la justice en Belgique, nous semblent donner en quelques mots la vraie solution de la question posée. On peut donc dire que le jugement qui, en acquittant un mineur, le renvoie dans une maison de correction est moins un acte judiciaire qu'un acte administratif. Aussi, est-ce à l'autorité administrative que doivent être adressées les demandes en modération de ces détentions.

Le préfet de police à Paris, et les préfets dans les départements, après avoir consulté les officiers du ministère public, ont la faculté de remettre tempo-- rairement à leurs parents ou aux personnes qui s'in- téressent à leur sort, ceux des jeunes détenus dont la conduite est bonne et qui donnent des signes certains de repentir. Dès que le jeune homme, mis en liberté provisoire, se montre indigne de la mesure d'indul- gence prise en sa faveur, l'administration a le droit de le faire réintégrer dans la maison de détention. Il ne faut donc pas confondre cette liberté temporaire, accordée dans un cas spécial par l'autorité adminis- trative, avec la liberté irrévocable, pleine et entière, qui émane de la puissance souveraine, en faveur des individus condamnés à l'emprisonnement.

Il n'est pas besoin de faire remarquer que ce n'est point par suite du droit de grâce que les mineurs de moins de seize ans, ayant agi avec discernement, peu- vent être condamnés à une peine de dix à vingt ans d'emprisonnement lorsqu'ils ont encouru la peine de mort, des travaux forcés à perpétuité et de la dépor- tation. C'est l'article 67 du code pénal qui crée cette position favorable aux mineurs que leur âge, et la fa- cilité avec laquelle ils peuvent se laisser entraîner, placent en face de la loi dans une position toute par- ticulière et digne d'indulgence. L'emprisonnement ainsi édicté par le législateur étant une peine, peut être l'objet d'une mesure gracieuse.

§ 2. Peines pécuniaires.

ᴸ Les peines pécuniaires sont toutes celles qui frappent le condamné dans sa fortune, en prononçant contre lui soit une amende, soit la confiscation d'une chose lui appartenant, par exemple, dans le cas de délit de chassé, du fusil et des engins prohibés, et au cas de tromperie sur la qualité de la chose vendue, des marchandises falsifiées (art. 11, cod. pén.).

Ces châtiments peuvent être l'objet de remises entières ainsi que de toutes les modifications dont nous avons parlé plus haut, et que fait naître l'exercice du droit de grâce.

Il appartient au chef de l'État d'apprécier les différentes raisons appelées à motiver la remise de l'amende ou de la confiscation, en prenant en considération l'intérêt particulier du condamné, dont la fortune serait peut-être gravement compromise par l'acquittement intégral des peines pécuniaires.

Les jugements de condamnation peuvent prononcer, à la fois, deux peines; l'une corporelle et l'autre pécuniaire, ou bien l'une de ces deux peines seulement. Lorsqu'il n'y a qu'une amende d'appliquée par exemple, il ne saurait y avoir de difficulté. Au cas de grâce pure et simple, elle doit être remise au suppliant. Mais si un individu a été condamné, en même temps, à l'emprisonnement et à l'amende, l'expression de faire grâce comprend-elle seulement la remise du premier châtiment ou doit elle être entendue également à l'égard de l'autre? Quoiqu'il

7

existe une ancienne instruction ministérielle résolvant négativement la question, le doute n'est plus aujourd'hui permis à cet égard; les deux peines doivent être remises, comme si l'amende avait fait l'objet d'une disposition expresse des lettres de grâce.

Cette manière d'apprécier la décision souveraine est fondée, et sur le principe que nous avons rappelé plus haut, que le doute doit toujours profiter au condamné, et sur de très-nombreuses instructions de la chancellerie dont la jurisprudence sur ce point est maintenant constante. C'est ce que le conseil d'État a décidé dans un avis du 3 janvier 1807 :

« Il est à considérer, y lisons-nous, que la grâce « n'a pas d'effets rétroactifs; elle doit avoir un effet « présent qui fasse cesser toutes peines et toutes poursuites de la part de la partie publique; que si la « grâce ne remet pas les amendes acquises à des parties civiles ou à des tiers auxquels elle tient lieu « d'indemnité, il n'en est point ainsi à l'égard du « prince dont les grâces, à moins qu'il ne les restreigne, sont de plein droit entières et absolues. »

La mesure gracieuse peut faire remise de l'amende, tout en maintenant l'emprisonnement, ou de cette dernière peine en conservant l'amende; mais alors, les lettres impériales doivent formellement s'exprimer sur ces différents points.

Dans le cas où, après avoir subi la peine de l'emprisonnement, sans en avoir fait l'objet d'un recours en grâce, le condamné implore la clémence souveraine au sujet de l'amende, il y a lieu d'instruire cette demande conformément aux règles établies dans le chapitre III.

Enfin, lorsqu'un individu a subi l'emprisonnement, dont il demandait la remise, et que cette faveur lui a été refusée, il peut former un recours à l'égard de l'amende. On devra statuer sur ce recours en grâce, comme il aura été précédemment fait sur la première supplique de ce condamné; seulement il est bien entendu que, dans ce dernier cas, le ministère public aura seulement à donner son avis sur la remise de l'amende. Il serait, en effet, inutile de transmettre de nouveau tous les autres renseignements qui se trouveront déjà relatés dans le premier rapport fourni à l'occasion de la peine corporelle.

Nous savons que, si l'amende a été acquittée, le condamné ne peut obtenir, par voie gracieuse, de rentrer dans les sommes par lui versées entre les mains du receveur de l'enregistrement; il ne peut pas plus recouvrer les objets confisqués dont le dépôt a été fait au greffe.

Toutefois, il a été décidé, dans un cas spécial, que s'il restait au greffe des titres de créances confisquées, et dont le gouvernement n'a pu se faire rembourser, ils pouvaient être rendus au gracié.

L'amende étant une peine personnelle ne saurait être remise par voie de grâce après le décès du condamné. A partir de ce moment, elle subit, en effet, une transformation; elle perd le caractère de châtiment qui lui était propre tant qu'était vivant celui contre lequel elle avait été édictée, et se transforme en dette de sa succession envers l'État; les héritiers du condamné, devenus débiteurs du trésor public, sont tenus de cette dette comme de toute autre grevant la succession, sans pouvoir être dispensés de l'acquitter par suite d'une décision gracieuse.

Mais il appartient au ministre des finances, représentant l'État créancier, de prendre, à cet égard, telles décisions qu'il jugera convenables. Il faut bien remarquer que si Son Excellence consent à ne pas exiger des héritiers le payement de l'amende prononcée contre leur auteur, il n'y a de sa part aucune mesure qui se rattache, de près ou de loin, au droit de grâce. C'est simplement une remise faite par le créancier à son débiteur, de la somme dont ce dernier lui est redevable.

Nous savons que les recours en grâce pour les peines pécuniaires s'instruisent de même que pour les peines corporelles. Toutefois il peut se présenter certains cas particuliers où il appartient à d'autres ministres qu'au garde des sceaux, de proposer à l'Empereur les mesures à prendre sur les suppliques d'individus sollicitant la remise d'amendes prononcées contre eux. C'est ainsi que Son Excellence, après avoir statué sur l'emprisonnement prononcé contre un braconnier qui avait chassé dans les bois de la Couronne, écrivait au procureur général près la cour impériale de Paris : « Quant à l'amende, le délit ayant été commis dans « les bois de la liste civile, c'est à M. le ministre de la « maison de l'Empereur qu'il appartient d'examiner « l'opportunité de la remise ou du maintien de cette « condamnation. »

Ainsi, en ce qui concerne les délits commis dans les

bois de la liste civile, c'est le garde des sceaux qui doit statuer sur le recours en grâce concernant l'emprisonnement et c'est au ministre de la maison de l'Empereur qu'il appartient d'examiner l'opportunité de la remise de l'amende.

Son Excellence renvoie également au ministre des finances, comme rentrant dans ses attributions, les demandes d'individus sollicitant la remise d'amendes prononcées à la requête de l'administration forestière, pour délits de chasse et de pêche, et les suppliques concernant des peines pécuniaires prononcées pour contraventions en matière d'octroi.

La seule raison que l'on puisse donner, selon nous, de cette dérogation à la règle générale, c'est que les amendes prononcées dans les cas que nous venons de voir, ont un caractère de dommages-intérêts plutôt que de peines. Cela est tellement vrai, que ces amendes ne sont pas versées entre les mains du receveur de l'enregistrement, mais doivent être remises, selon les circonstances, au ministre de la maison de l'Empereur, au directeur des eaux et forêts ou à la caisse communale.

Dans ces cas spéciaux, le ministère public chargé d'instruire les recours en grâce devra suivre la marche ordinaire et adresser son rapport au garde des sceaux qui, d'après les circonstances, communiquera les renseignements nécessaires à celui de ses collègues dans le département duquel l'affaire ressortit.

Nous avons déjà dit plusieurs fois que la grâce ne pouvait jamais affecter qu'une peine définitive. Ainsi, orsqu'une amende a été prononcée pour non-compa-

rution à l'audience, contre un témoin touché régulièrement par l'assignation, il ne peut en être fait remise
par voie gracieuse que quand la condamnation est devenue définitive, ou lorsque celui, contre lequel elle a
été prononcée, a eu recours à tous les moyens légaux
pour en obtenir la réformation.

Le premier soin du témoin réclamant est donc, non
de former un recours en grâce, auquel il ne serait
donné aucune suite, mais de se pourvoir par opposition devant le tribunal qui lui a infligé l'amende dont
il sollicite la remise.

La peine de l'amende peut être prononcée, non-
seulement par les cours et tribunaux, mais encore par
des juges-commissaires ou des juges d'instruction.
Ainsi, la personne qui fait défaut à une convocation de
créanciers dans un ordre amiable, ou qui ne comparaît
pas à une enquête, ou bien le témoin qui ne se présente pas devant le magistrat instructeur sont passibles
d'une amende. Dans ces différents cas comme dans
celui qui précède, la voie gracieuse n'est ouverte que
lorsque tous les moyens légaux ont été épuisés. La
grâce ne peut, en effet, jamais affecter qu'une peine
définitive.

Il ne faut pas confondre les amendes prononcées
par un tribunal ou par un juge-commissaire ou instructeur, avec les droits de timbre, droits simples d'enregistrement, droits en sus et doubles droits qui peuvent
être infligés par l'administration du trésor public. Dans
le premier cas, il existe une peine qui, comme telle,
peut être l'objet d'une grâce. Dans le second, il s'agit
seulement de mesures administratives, sur lesquelles

le ministre des finances statue comme il le juge convenable; c'est donc à lui que doivent être adressées,
dans ce cas, toutes les requêtes tendant à modération
ou à remise d'amende.

Il arrive souvent que plusieurs individus sont condamnés solidairement à une peine pécuniaire. Quand
l'un d'eux seulement en sollicite la remise, il importe
que les officiers du ministère public fassent connaître
au garde des sceaux, non-seulement la situation pécuniaire du suppliant, mais encore celle de ses complices vis-à-vis du trésor, et quelle est la position de
fortune de chacun d'eux. Si la remise de l'amende est
accordée, elle est faite en faveur de tous. On comprend facilement que, si elle avait lieu seulement au
profit de celui qui a formé le recours en grâce, la
peine étant solidaire, les autres condamnés perdraient
la chance de voir l'amende payée en tout ou en partie
par le gracié, et se trouveraient ainsi dans une position
aggravée par les effets de la bienveillance souveraine.
Un tel état de choses serait contraire à toute justice et
aux principes mêmes de la matière qui veut que la
grâce ne préjudicie pas aux tiers. La remise de l'amende
octroyée au suppliant est donc par cela même accordée
à ses complices, condamnés solidairement avec lui.

V

EFFETS DE LA GRACE A L'ÉGARD DES PEINES ACCESSOIRES.

Les peines accessoires sont des châtiments qui tirent
leur origine de l'existence des peines principales, sans

lesquelles ils n'auraient point pris naissance. Ils consistent dans la privation de certains droits qui appartiennent aux citoyens, ou dans la publicité donnée aux condamnations prononcées. Il faut remarquer que, sous l'expression de peines accessoires, nous comprenons, non-seulement celles qui suivent forcément la peine principale, par exemple la surveillance de la haute police au cas de condamnation aux travaux forcés à temps; mais encore celles qu'il est loisible aux magistrats d'appliquer ou de ne pas appliquer, selon qu'ils le jugent convenable, par exemple la surveillance dans le cas de mendicité. Dans les deux hypothèses, la surveillance est une peine accessoire, puisque, sans l'existence de la peine principale, elle n'aurait pu être appliquée.

On sait que le but du législateur, en établissant les peines accessoires, a été de protéger la société contre les crimes dont il est à craindre que les condamnés ne se rendent de nouveau coupables, et de les mettre eux-mêmes, autant que possible, dans l'impossibilité de nuire lorsqu'ils seront sortis de prison.

Ces peines sont : la dégradation civique (1), l'interdiction légale, celle à temps de certains droits civiques, civils ou de famille, la surveillance de la haute police, et la publicité donnée par la voie des affiches et des

---

(1) Exceptionnellement, la dégradation civique et la surveillance de la haute police peuvent être prononcées comme peines principales (articles 35 et 271 du code pénal). Toutefois, on peut dire que, presque toujours, ces peines sont l'accessoire d'autres châtiments, et c'est comme telles qu'elles ont été classées ici.

insertions dans les journaux, de la faute commise et de la peine appliquée.

Avant la loi du 3 juin 1854, il fallait joindre à cette énumération la mort civile qui était une fiction légale d'après laquelle une personne, vivante selon la loi de la nature, était réputée morte dans la société.

Des difficultés nombreuses avaient été soulevées au sujet des effets que la grâce pouvait avoir sur la mort civile. Les auteurs se demandaient, notamment, si la commutation d'une peine perpétuelle en une peine temporaire faisait cesser de plein droit la mort civile ; si le souverain pouvait de sa seule autorité et sans les formalités préalables de la réhabilitation, par une clause expresse insérée dans les lettres de grâce, faire cesser, pour l'avenir, la mort civile du condamné. Ces différentes questions qui n'ont plus aujourd'hui d'intérêt en ce qui concerne la mort civile, en présentent un réel par rapport aux différentes incapacités qui l'ont remplacée.

D'après la loi de 1854, le condamné à une peine afflictive perpétuelle est soumis à la dégradation civique et à l'interdiction légale. Il ne peut donc disposer de ses biens en tout ou en partie, soit par donation entre-vifs, soit par testament; ni recevoir à ce titre, si ce n'est pour cause d'aliments. Tout testament, par lui fait antérieurement à sa condamnation contradictoire et définitive, est nul.

En même temps que le législateur édictait ces différentes peines, il s'exprimait ainsi dans l'art. 4 : « Le « Gouvernement peut relever le condamné à une peine « afflictive perpétuelle de tout ou partie des incapa-

« cités prononcées par les articles précédents. Il peut
« lui accorder l'exercice, dans le lieu de l'exécution de
« la peine, des droits civils ou de quelques-uns de ces
« droits, dont il a été privé par son état d'interdiction
« légale. Les actes faits par le condamné, dans le lieu
« de l'exécution de la peine, ne peuvent engager les
« biens qu'il possédait au jour de sa condamnation,
« ou qui lui sont échus à titre gratuit depuis cette
« époque. »

« Les effets civils des condamnations perpétuelles
sont déterminés par les art. 2 et 3, lisons-nous dans
l'exposé des motifs de la loi; ils consistent dans la
dégradation civique, l'état d'interdiction légale, l'incapacité de donner ou de recevoir, soit par donation
entre-vifs, soit par testament. La dégradation civique,
incapacité perpétuelle qui survit à la grâce, dépouille
le condamné de tous ses droits civils et politiques, lui
enlève les prérogatives de famille, et le marque d'une
tache d'infamie qui ne peut être effacée que par la
réhabilitation. L'état d'interdiction légale, constitué
par les art. 29 et 31 du code pénal, frappe les biens et
la personne du condamné pendant la durée de sa
peine. En dehors de celles des conséquences de la
mort civile que nous avons repoussées comme incom-
patibles avec notre ordre social et nos mœurs, et de
celles qui lui sont communes avec la dégradation civique et l'état d'interdiction légale, nous n'avons trouvé
que trois thèses qui pourraient servir de base à un
régime intermédiaire : la déchéance de l'autorité ma-
ritale, celle de la puissance paternelle, l'interdiction
de donner et de recevoir. A l'égard du condamné,

époux et père de famille, au moment de sa condamnation contradictoire ou par coutumace, l'interdiction.
légale, ou l'application qui lui est faite des règles de
l'absence, paralysent l'exercice de l'autorité conjugale
et de la puissance paternelle. Si la peine est entièrement subie, cette suspension de droit équivaut à une
interdiction absolue. La question ne prend donc de
l'intérêt que dans l'hypothèse d'une grâce. Faut-il que
le gracié soit privé de l'administration de ses biens et
de la double autorité que la loi et la nature lui ont
donnée sur sa femme et sur ses enfants? Mais alors, sur
quelle personnne déverser ces importantes attributions? Comment organiser cet état nouveau sans précédent législatif, que la science du droit n'a ni élucidé,
ni défini? Ne s'exposerait-on pas à des complications,
à des embarras infinis qui auraient pour double conséquence la destruction de l'harmonie de nos codes et
l'introduction d'un étranger dans le sein de la famille?
Au contraire, l'interdiction du droit de disposer ou de
recevoir à titre gratuit constituait une incapacité précise, circonscrite, d'une application facile; nous n'a-
vons point hésité à vous proposer de la prononcer, et
nous avons reproduit les termes du troisième paragraphe de l'art. 25 du code Napoléon. Droit naturel ou
droit civil, la faculté de disposer à titre gratuit est un de
ces droits dont la société peut dépouiller, sans injustice
et sans cruauté, celui qui l'a offensée par un crime
infâme. Le testament, cet acte solennel d'une volonté
suprême qui substitue ses prescriptions aux lois de
l'État, peut-il être abandonné imprudemment aux
inspirations du crime? La faculté de recevoir ne pou-

vait-elle pas elle-même devenir un bénéfice d'infamie ou favoriser d'audacieuses et mensongères protesta- tions contre l'autorité de la chose jugée? L'art. 3 n'est donc qu'un juste hommage rendu à la plus saine morale. »

Les incapacités édictées par la loi du 3 juin 1854 étant bien connues, il s'agit maintenant de recher- cher si elles peuvent être remises, et, dans le cas de l'affirmative, par quels moyens.

En 1822, des doutes s'étaient élevés sur l'étendue du droit de grâce à l'égard des incapacités dont les condamnés auraient été frappés ; l'avis du conseil d'État du 8 janvier 1823 décida à cet égard « qu'en matière criminelle, nul jugement de condamnation ne peut produire d'effet avant l'exécution ; que lorsque la grâce a précédé l'exécution, les incapacités légales ne sont pas encourues ; que, par conséquent, il ne peut y avoir lieu, dans ce cas, de solliciter des lettres de réhabilitation, puisque la réhabilitation n'a pour effet que de relever le condamné des incapacités légales auxquelles il a été réellement soumis. »

Lorsqu'il s'agit d'une supplique en remise d'inca- pacités, la première question à se poser est donc celle-ci : la grâce est-elle intervenue avant ou après le commencement d'exécution du jugement? Si c'est avant, les incapacités légales n'ont point été encou- rues et, par conséquent, ne peuvent être remises.

Si c'est après, les incapacités existent et demeurent tout entières. De quelle manière les individus qui en sont frappés pourront-ils parvenir à en être déchargés? Sera-ce par la voie de la grâce ordinaire ou par celle de la réhabilitation?

Nous estimons que c'est cette dernière marche qui doit être suivie. La chancellerie, le conseil d'État, la cour suprême sont d'accord sur ce point que la grâce pure et simple ne saurait accorder la remise des incapacités légales; ce qui peut être fait seulement par la réhabilitation.

« La réhabilitation, dit l'article 634 du code d'instruction criminelle, fait cesser, pour l'avenir, dans la personne du condamné, toutes les incapacités qui résulteraient de la condamnation. »

L'existence de cet article est l'argument le meilleur que l'on puisse offrir à l'appui de notre système; en présence d'un texte aussi clair et aussi précis, il semble, en effet, impossible de soutenir que la grâce ordinaire puisse relever de ces incapacités. Si l'on venait défendre cette dernière thèse, il faudrait pouvoir expliquer quel a été le but du législateur en créant les règles de la réhabilitation, qui sont de sa part l'objet des plus grands détails, et quel sens aurait l'article que nous venons de citer, au cas où la grâce remettrait aussi tous les droits perdus. Il faudrait arriver à prétendre que tout le chapitre du code d'instruction criminelle sur la réhabilitation n'est qu'une lettre morte. Une pareille prétention n'est pas soutenable un seul instant. Le chef de l'État ne peut donc relever un condamné des incapacités dont il a été frappé, que lorsqu'il a satisfait aux conditions imposées par la procédure de réhabilitation. L'exposé des motifs de la loi de 1854 reconnaissait d'ailleurs, en

termes exprès, ce système comme vrai, puisque nous
y lisons : « La dégradation civique, incapacité perpétuelle *qui survit à la grâce*, dépouille le condamné de
tous droits civils et politiques, etc. »

Cette solution a un sérieux intérêt au point de vue
pratique, puisque, pour arriver à la remise des incapacités par la réhabilitation, il faut satisfaire à un très-
grand nombre de formalités dont est dispensée la grâce
proprement dite.

Aux yeux de certains jurisconsultes cette manière
de résoudre la question peut avoir un autre intérêt qui
tirerait son origine de la différence qu'ils établissent
entre la réhabilitation et la grâce proprement dite,
faisant de la première un acte de justice et de la seconde un acte de grâce. Nous avons déjà dit que nous
ne pouvions partager ce système; nous pensons, avec
Le Graverend, que la réhabilitation est un véritable
acte de grâce, qui ne peut émaner que de la volonté
libre et spontanée du prince.

Nous nous résumons donc en disant que les incapacités légales peuvent être remises, comme les peines
principales, par la grâce; mais avec cette différence
que, pour les secondes, la voie de la grâce ordinaire
suffit, tandis que, pour les premières, il est nécessaire
de suivre la marche tracée par la loi pour la réhabilitation.

D'après la loi du 3 juin 1854, dont nous avons
parlé plus haut, le gouvernement peut remettre au
condamné, en tout ou en partie, les incapacités dont
il a été frappé. Cette mesure qui s'applique dans des
cas spéciaux et qui a de grands rapports avec la réha-

bilitation, ne saurait être confondue pas plus avec
cet acte souverain qu'avec la grâce proprement dite.
La remise d'incapacité dont il s'agit ici est, si nous
pouvons nous exprimer ainsi, une sorte de réhabilitation partielle d'une nature particulière.

Il ne faut pas non plus confondre les décisions
gracieuses émanées du chef de l'État avec les mesures
que la loi du 30 mai 1854 autorise le gouvernement
à prendre en faveur des individus condamnés aux travaux forcés, qui subissent leur peine dans les établissements créés sur le territoire des possessions françaises, comme nous l'avons vu page 93. Dans ce cas
encore, la remise d'incapacités est une réhabilitation
partielle accordée par lettres impériales et n'ayant, ni
tous les effets, ni tous les caractères d'une véritable
restitutio in integrum.

Les différentes formalités exigées par l'article 629
du code d'instruction criminelle pour obtenir la réhabilitation ne sauraient elles-mêmes être, en aucun
cas, l'objet d'une mesure gracieuse; et celui qui demande à être relevé d'incapacités légales ne peut être
dispensé de remplir toutes les formalités exigées par
la loi.

Tel est l'avis du conseil d'État qui a décidé, le
8 janvier 1825 : « Que les lettres de grâce, accordées
« après l'exécution du jugement, ne peuvent contenir
« aucune clause qui dispense des formalités prescrites
« par le code d'instruction criminelle pour la réhabi-
« litation. »

Nous avons déjà vu que les incapacités légales ne
sont encourues qu'après l'exécution du jugement. On

s'est demandé, quand il peut y avoir doute sur la date
des lettres de grâce à l'égard de cette exécution, si
elles doivent être considérées comme lui étant antérieures ou postérieures. Il est facile de comprendre
le sérieux intérêt de cette question lorsqu'on se rappelle que, dans le second cas, ce n'est que par la
voie de la réhabilitation que le condamné peut recouvrer l'intégrité de ses droits. La solution de cette
difficulté se trouve dans cette règle, rapportée plus
haut : qu'en cas de doute sur la portée et l'étendue
de la grâce accordée, ce doute doit profiter aux suppliants. Il faut faire ici l'application de ce principe et
dire qu'en l'absence d'aucune preuve certaine, la
grâce devra être considérée comme ayant été accordée
avant l'exécution du jugement. Ce ne sera pas, bien
entendu, au condamné à prouver que l'exécution
n'a pas eu lieu, puisqu'il se contente de nier l'existence d'un fait. C'est au magistrat qui prétendra que
l'exécution du jugement avait été commencée, lors de
l'obtention des lettres de grâce, qu'il appartiendra
d'apporter la preuve du fait qu'il avance : *Ei incumbit
probatio qui dicit, non ei qui negat.*

Au nombre des peines accessoires les plus importantes, il faut citer la surveillance de la haute police.
Tout châtiment corporel cesse à l'expiration du temps
pendant lequel le condamné devait rester en prison,
d'après le dispositif du jugement. Mais le législateur
a créé une sorte de peine, prenant naissance à ce
moment même et qui est, pour le libéré, la privation
d'un droit, celui d'aller et de venir, quand il veut et
partout où il lui plaît. Il importait, en effet, à la so-

ciété que des hommes, s'étant rendus redoutables et dangereux par les crimes qu'ils avaient commis, fussent soumis à une surveillance qui les empêcherait, autant que cela se pourrait, de commettre de nouvelles fautes dont leurs concitoyens deviendraient encore les victimes.

Ainsi, on peut dire que la surveillance est une véritable tutelle du libéré contre lui-même et au profit de la société. C'est là une mesure répressive et préventive, sauvegarde malheureusement trop peu souvent efficace contre les récidivistes.

Le décret du 8 décembre 1851 s'exprime ainsi à cet égard : « L'effet du renvoi sous la surveillance de la haute police sera, à l'avenir, de donner au gouvernement le droit de déterminer le lieu dans lequel le condamné devra résider après qu'il aura subi sa peine. L'administration déterminera les formalités propres à constater la présence continue du condamné dans le lieu de sa residence (art. 3). »

«Tout individu, placé sous la surveillance de la haute police, qui sera reconnu coupable du délit de rupture de ban, pourra être transporté, par mesure de sûreté générale, dans une colonie pénitentiaire à Cayenne ou en Algérie. La durée de la transportation sera de cinq années au moins ou de dix ans au plus (art. 1).»

La peine de la surveillance peut-elle être remise par voie de grâce au condamné ou bien celle de la réhabilitation est-elle nécessaire pour le faire relever de cette déchéance?

Il faut distinguer deux cas : 1° Lorsque la surveillance est temporaire et a été prononcée par la cour ou le tribunal, d'une manière expresse et comme peine accessoire, elle peut être remise, ainsi que la peine principale, par voie gracieuse. 2° Lorsque la surveillance, au contraire, est perpétuelle et résulte d'une condamnation à une peine afflictive et infamante dont elle est la conséquence nécessaire (art. 47 du code pénal) ou lorsqu'elle est entraînée par la peine du bannissement temporaire (art. 48) le condamné, pour en faire cesser les effets, doit demander et obtenir la réhabilitation.

Cette distinction, qui est approuvée par un grand nombre de décisions ministérielles, peut s'expliquer facilement.

Dans le premier cas, il s'agit, en effet, d'une véritable peine prononcée par les tribunaux et par conséquent pouvant, comme toutes les autres, être l'objet d'une mesure gracieuse. Dans le second cas, la surveillance est plutôt une conséquence de la peine principale, une incapacité frappant le condamné dans ses droits de citoyen, et dès lors, ainsi que nous l'avons dit plus haut, elle ne peut être remise que par la réhabilitation.

Quand il y a commutation du châtiment prononcé en un autre, les peines accessoires de celle substituée doivent-elles être imposées au gracié? Certains auteurs, d'après le principe *accessorium sequitur principale*, veulent que, dans l'hypothèse donnée, les peines accessoires soient nécessairement la suite de celles qui sont principales. Selon eux, il serait contraire à la raison de placer de droit, dans une position meilleure que celle créée par la loi pour des individus moins coupables, un homme condamné primitivement à une peine supérieure. D'autres jurisconsultes estiment que les lettres de grâce devant être interprétées dans le sens le plus favorable aux condamnés, il y aura lieu de leur faire remise des peines accessoires. Ils prétendent que résoudre la question autrement, serait créer une nouvelle peine contre les graciés, et qu'ainsi, loin d'adoucir leur position, on l'aggraverait en leur infligeant un châtiment qu'ils n'avaient point encouru par l'arrêt de condamnation.

Quelque partisan que nous soyons de la plus grande extension possible donnée à l'esprit des lettres de grâce, nous ne saurions partager complétement ce dernier système. On se trompe, selon nous, en prétendant que c'est soumettre le gracié à de nouveaux châtiments, que de le placer sous le coup des peines accessoires de la peine principale ayant remplacé celle prononcée par le jugement. Ce ne sont pas les lettres de grâce qui infligent ces peines, mais la loi elle-même.

Il faut, en effet, distinguer entre les peines accessoires nécessaires (art. 47 et 48 du code pénal, par exemple, pour la surveillance) et celles qui sont facultatives (art. 100, 108, 138, 144, 221, etc.).

Dans la seconde hypothèse, il nous semble certainement impossible de décider que, *ipso facto*, par le fait de la commutation, les accessoires de la peine substituée devront la suivre, puisque, d'après les termes mêmes de la loi, il est loisible aux tribunaux de les appliquer ou de ne pas les appliquer. Le gracié devant être pris dans la position qui lui est la plus favorable, il y a lieu de penser que la surveillance

ne lui aurait pas été infligée. Mais au cas où la surveillance est obligatoire, il ne peut en être, à notre
avis, décidé ainsi. Nécessairement, fatalement, cette
peine accessoire devra suivre celle qui est principale.
Supposons un condamné aux travaux forcés à perpétuité dont le châtiment a été commué en dix années;
à l'expiration de ce temps, il tombera sous la surveillance de la haute police, comme si la peine substituée
avait été prononcée par une cour d'assises, et, ainsi
que nous l'avons déjà dit, il ne pourra être fait remise
de la surveillance que suivant les prescriptions de la
loi au titre de la réhabilitation.

M. Reuter s'exprime ainsi au sujet des peines qui
sont la conséquence nécessaire d'un châtiment principal : « Cette nouvelle peine (la peine substituée) a
« le véritable caractère d'une peine publique et judi-
« ciaire, et en entraîne tous les effets accessoires
« légaux, quand même ils ne seraient point attachés à
« la peine commuée. » Le gracié ne peut donc être
dispensé, autrement que par la voie de la réhabilitation, des peines accessoires de celle substituée lorsque,
d'après les termes de la loi elle-même, ces peines
sont la conséquence nécessaire et forcée de certains
châtiments.

Nous venons d'étudier la surveillance de la haute
police au point de vue de la forme sous laquelle elle
se présente le plus souvent, c'est-à-dire comme peine
accessoire. Cependant elle peut être prononcée également
ment comme peine principale, mais dans un seul cas,
et encore les tribunaux ne l'appliquent-ils presque
jamais dans l'hypothèse prévue par la loi. Nous vou-

lons parler de l'article 271 du code pénal, qui ordonne
que les vagabonds âgés de moins de seize ans seront
renvoyés sous la surveillance de la haute police jusqu'à
l'âge de vingt ans accomplis, sans qu'il ait été prononcé contre eux de peine d'emprisonnement.

Dans ce cas, la surveillance peut, comme toutes les
autres peines principales, être remise par voie de
grâce sans que le suppliant soit obligé de recourir à la
procédure de la réhabilitation.

VI

EFFETS DE LA GRACE A L'ÉGARD DES PEINES DISCIPLINAIRES.

Le code a divisé les actes qui peuvent être l'objet
de poursuites et de condamnations judiciaires en trois
catégories qui sont : les crimes, les délits et les contraventions. Pour chacune de ces fautes, ont été édictées des peines spéciales qui, nous l'avons vu, peuvent
être l'objet de remises ou de modifications provenant
de la puissance souveraine. Outre ces actes coupables
dont peut souffrir la société tout entière, et contre lesquels les officiers du parquet doivent exercer des poursuites judiciaires au nom des intérêts et de l'ordre
public, le législateur a prévu des cas particuliers où
des personnes, faisant partie de certains ordres régulièrement constitués, se seraient rendus coupables de
fautes qui blesseraient les règles de leur corporation.
Dans de semblables circonstances, la société a certainement un intérêt moins grand à la répression de la faute
que le corps lui-même auquel appartient le membre qui

a failli; aussi n'est-ce qu'exceptionnellement que les tribunaux ordinaires sont saisis de ces sortes d'affaires qui sont, le plus souvent, portées devant des juridictions spéciales, espèces de conseils de famille composés des pairs du coupable, qui deviennent ses juges. Les peines appliquées ont, en général, moins le but de frapper et de punir que celui de faire respecter, pour l'avenir, les règles de l'ordre, lesquelles tous les membres, en entrant, ont fait serment de conserver et auxquelles ils doivent obéir.

Chaque corps ayant des obligations et des devoirs divers à remplir, les règles de chacun d'eux doivent être différentes, et différentes aussi les peines pour infractions à ces règles.

Les mesures disciplinaires établies contre les magistrats et les officiers ministériels ont à peu près le même caractère. Ce sont : l'avertissement, l'injonction d'être plus circonspect, le rappel à la règle, le rappel à l'ordre, l'admonition, la censure simple, la censure avec réprimande, le blâme, la privation de voie délibérative dans la chambre, l'interdiction temporaire, la radiation du tableau, la déchéance, la suspension des fonctions et la destitution.

Selon leur caractère différent, ces peines doivent être prononcées par diverses autorités qui sont : le ministre de la justice, les cours, les tribunaux, les procureurs généraux, les conseils d'ordre des avocats et les chambres de discipline des officiers ministériels. Outre les fautes dont les membres d'un corps peuvent se rendre coupables, et qui sont passibles des peines que nous venons d'énumérer, il en est d'autres commises également dans ou à l'occasion de l'exercice de leurs fonctions, mais que leur gravité doit faire renvoyer devant les tribunaux ordinaires. Dans ce dernier cas, les peines appliquées peuvent être : la reclusion, l'emprisonnement, la dégradation civique, l'amende, la contrainte par corps, l'impression ou l'affiche du jugement et la suppression d'écrits.

Il faut joindre aux mesures de discipline que nous venons d'énumérer celles édictées pour les différents ordres et corporations, par exemple les peines universitaires, telles que les retenues de traitement, les censures, les réprimandes, les suspensions de fonctions, les radiations et les détentions temporaires ; les peines canoniques, qui sont les censures avec toutes les divisions qu'elles comportent, et les peines que peuvent appliquer les conseils de prud'hommes.

Quels effets le droit de grâce peut-il produire sur ces différents châtiments ? La question est très-controversée.

Il ne peut y avoir de doute à l'égard des peines prononcées par les tribunaux de répression ordinaire. Elles sont susceptibles de toutes les modifications que comporte la grâce ; mais les peines disciplinaires, prononcées par toute autre autorité que la juridiction ordinaire, peuvent-elles également être l'objet de décisions gracieuses ?

Les auteurs qui soutiennent l'affirmative disent que la constitution de 1852, par la généralité de ces termes : « L'Empereur a le droit de faire grâce et d'accorder des amnisties, » autorise l'usage du droit de grâce à l'égard des mesures de discipline. Il faudrait, pour qu'il en fût autrement, que le texte de la loi, s'expliquant formellement, indiquât qu'il s'agissait seulement des peines prononcées par les tribunaux de répression ordinaires, et non par les autorités particulières chargées de la discipline des compagnies et des corporations. On ajoute que le droit de grâce émane, comme le droit de rendre la justice, du chef de l'État; que les décisions prises disciplinairement sont rendues par délégation du prince; que, comme telles, elles affectent l'honneur du citoyen aussi bien que les châtiments ordinaires, et que dès lors la grâce peut s'étendre sur tous ceux qui ont été frappés par ces juridictions spéciales.

Les jurisconsultes qui sont d'avis contraire prétendent que c'est à tort que l'on met les peines disciplinaires au même rang que les châtiments ordinaires; qu'en effet la publicité constante attachée à ceux-ci, les tribunaux qui les prononcent, la gravité qui leur est particulière, le déshonneur qui les suit, leur donnent une physionomie à laquelle on ne saurait comparer celle des peines disciplinaires. Ces dernières sont, en effet, prononcées, le plus souvent, après informations secrètes faites par des membres mêmes de l'ordre ou par des supérieurs hiérarchiques; elles n'entraînent pas après elles le même déshonneur que celui qui s'attache aux peines ordinaires, et ressemblent d'ordinaire moins à un jugement qu'à la décision d'un conseil de famille. Dès lors, ces peines, n'ayant pas le caractère de celles édictées par la loi pénale, ne sauraient jouir, comme ces dernières, du bénéfice de la grâce. On a dit également dans le même sens que les mesures ainsi prises touchaient plutôt aux intérêts particuliers de l'ordre qu'à l'intérêt général de la société; que ce n'était point par délégation du chef de l'État que les autorités compétentes étaient investies du droit de juger disciplinairement, et que, par conséquent, le souverain ne pouvait s'immiscer dans les affaires particulières des corporations, en relevant les condamnés des peines qui leur avaient été infligées.

A l'appui de cette opinion, on cite différentes décisions de la chancellerie d'après lesquelles les mesures de discipline prises contre des officiers ministériels n'étant pas regardées comme des peines, ne peuvent être l'objet de décisions gracieuses. D'après ce principe, on soutient que lorsqu'un membre d'une corporation s'est rendu coupable d'un crime ou d'un délit au sujet duquel intervient une décision gracieuse, cette mesure concerne seulement le châtiment criminel et non la peine disciplinaire qui a pu être en même temps encourue. Nous sommes complétement de cet avis; seulement le point de départ n'est pas le même. Dans l'hypothèse donnée, la grâce ne peut certainement affecter la mesure de discipline; mais il en est ainsi, non point parce qu'elle ne saurait jamais avoir d'effet dans ce cas, mais parce que la peine disciplinaire, ayant un caractère principal et non accessoire, devra être remise par une décision spéciale du prince.

Selon nous, le chef de l'État a en effet le pouvoir de faire grâce des peines disciplinaires. En ce qui touche les avis émanés de la chancellerie, nous croyons qu'il faut les considérer moins comme ayant résolu des questions de droit, que comme ayant donné des solutions particulières à quelques difficultés de fait qui se présentaient dans des cas spéciaux. Ce n'est donc point uniquement dans ces documents, mais encore et surtout dans le texte même et l'esprit de la loi que nous rechercherons ce que nous croyons être la vérité. Outre les motifs en faveur de notre système que nous avons énumérés plus haut, nous ajouterons ceux-ci : Toutes les peines disciplinaires prononcées contre un membre d'un corps quelconque et par quelque autorité que ce soit, ne le sont jamais que par une autorité constituée à cet effet par la loi elle-même : le ministre, les cours et les tribunaux, les procureurs généraux, les conseils de l'ordre, les chambres de discipline.

On voit donc de suite qu'il ne s'agit pas ici d'un tribunal que chaque corporation créerait à sa fantaisie, et entre les mains duquel il remettrait le pouvoir de juger, qu'il lui retirerait ensuite à son gré, mais d'une autorité régulièrement constituée par le législateur à l'effet de punir les fautes disciplinaires.

En réalité, ces décisions sont de véritables jugements comme les sentences des juridictions ordinaires. Nous ne parlons pas seulement, bien entendu, du cas où il s'agit de sentences disciplinaires rendues par les cours et tribunaux, lesquels doivent toujours se conformer aux règles établies par la loi; mais encore des condamnations infligées par les conseils de discipline, notamment ceux des avocats et des officiers ministériels. Ces décisions doivent être, en effet, signées, selon les corporations, par les présidents et les secrétaires, ou par tous les membres qui étaient présents. Les noms

des personnes qui ont participé au jugement, ainsi
que ceux des individus jugés, se trouvent relatés dans
l'expédition de la sentence, qui doit contenir, en outre,
un exposé des faits ; enfin les décisions des chambres
de discipline sont signifiées aux parties et doivent être
exécutées à la requête du ministère public ou du
président du corps. Ne trouve-t-on pas ici toutes les
formalités et toutes les garanties exigées pour les sentences rendues par les tribunaux ordinaires, et n'a-t-
on pas le droit de prétendre que les décisions disciplinaires sont de vrais jugements? Mais, pourrait-on dire,
le plus souvent les mesures de discipline sont prises
après des débats à huis-clos, ce qui est contraire aux
dispositions du code. Cet argument nous paraît sans valeur. Devant les juridictions ordinaires, les procès sont
en effet dans certains cas prévus par le législateur,
jugés en l'absence du public ; qu'importe que les motifs
ne soient pas les mêmes et que, dans un cas, on ait eu
en vue l'intérêt des bonnes mœurs publiques, et, dans
l'autre, l'intérêt du coupable que l'on ne veut pas
déshonorer par une trop grande publicité ! Dans les
deux cas, les débats ont eu lieu régulièrement à huis
clos, puisque la loi l'ordonnait ainsi. Quant à la sentence, il est vrai que le plus souvent elle n'est pas
prononcée en public lorsqu'il s'agit d'affaires de discipline ; mais il serait inexact de prétendre qu'elle doive
demeurée secrète pour tous. Les peines disciplinaires
ont tellement peu le privilége de rester cachées dans
le sein de la famille, que les chambres de discipline
ont l'obligation d'en donner communication au parquet dès qu'il le désire. On peut donc dire que c'est

dans les formes régulières et légales que les peines disciplinaires sont infligées, soit par les cours et les tribunaux, soit par les chambres de discipline qui ont reçu du législateur l'autorité compétente pour juger. C'est également de lui que le ministre et les chefs de parquet des cours souveraines tiennent le pouvoir de prendre, à l'égard des membres de certains corps, des décisions disciplinaires. C'est encore le législateur qui a édicté les peines pouvant être prononcées au cas de fautes contre la discipline, et qui, par cela même, a défendu aux autorités d'en appliquer d'autres. Dans ces circonstances, pourquoi refuser à ceux qui ont été frappés par une juridiction spéciale, le bénéfice de la grâce qui est accordé aux autres condamnés?

Mais, dira-t-on, n'y aurait-il pas quelques dangers à reconnaître au chef de l'État le droit de faire grâce dans certains cas particuliers; par exemple lorsque celui qui sera l'objet de la bienveillance souveraine aura été rayé du nombre des membres de la corporation à laquelle il appartenait? A cela nous répondrons que l'esprit de sagesse qui doit régner dans les délibérations du prince, en ce qui concerne les mesures prises à l'égard des peines ordinaires, ne lui fera pas défaut dans ce cas particulier. On ne doit donc point craindre que, par suite de la volonté du chef de l'État, des membres indignes d'appartenir aux corporations dans lesquelles ils étaient entrés, y soient réintégrés sans motifs sérieux, et qu'ainsi les légitimes susceptibilités de tout un ordre soient sacrifiées aux convenances particulières d'un membre coupable.

Nous venons de le voir, la loi répressive a réglé,

selon les circonstances tout ce qui a rapport aux peines disciplinaires ; elle a indiqué ceux qui devaient juger, dans quels cas ils devaient le faire, comment les poursuites seraient exercées, quelles peines il y avait lieu d'appliquer. N'est-il pas de toute justice de placer à côté de la loi répressive les bénéfices de la loi gracieuse, et comment expliquer que les condamnés par les tribunaux correctionnels et les cours d'assises, méritant des peines sévères, soient plus favorisés que des hommes qui n'ont pas violé les lois pénales, mais se sont simplement rendus coupables de fautes contraires aux règles de leur ordre. Ces derniers ne sont-ils pas plus dignes de bienveillance que les autres, et si l'on a dû leur infliger des peines pour l'exemple, ne peut-on pas leur accorder le bénéfice de la grâce? De quel droit enfin retirer au souverain un privilége qui ne peut être limité que par la loi? et puisque dans ses termes généraux, elle n'a apporté aucune restriction à ce pouvoir suprême, il nous semble impossible de lui en imposer sous quelque prétexte que ce soit.

Reconnaissons donc que, de même que les peines appliquées par la juridiction ordinaire, les peines disciplinaires peuvent être l'objet de décisions gracieuses (1).

---

(1) Voir aux *Notes et Documents*, les différents genres de peines en usage avant 1791.

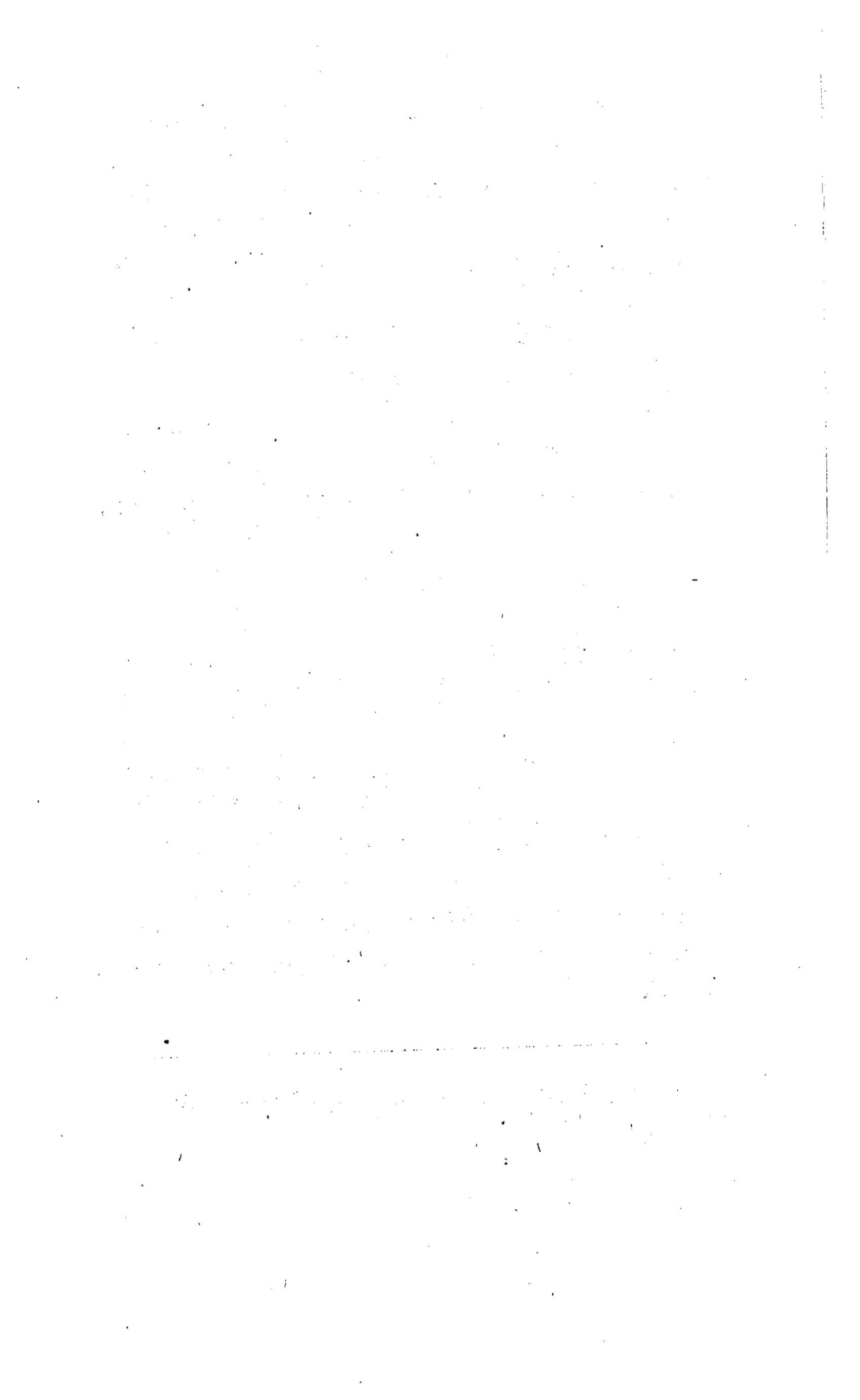

CHAPITRE V.

LOIS, ORDONNANCES, DÉCRETS, JURISPRUDENCE.

Si donnons en mandement à nos amez et féaux les gens
tenant nos cours de parlement, que ces présentes ils ayent à
faire lire, publier et enregistrer, et le contenu en icelles
entretenir et faire entretenir, garder et observer selon leur
forme et teneur, saus y contrevenir ni souffrir qu'il y soit
contrevenu en quelque sorte et manière que ce soit.

Déclaration de Louis XIV, 22 novembre 1683.

I

ORDONNANCES, LETTRES PATENTES, DÉCLARATIONS, ÉDITS ROYAUX, ARRÊTS DU CONSEIL, DES COURS ET PARLEMENTS, DEPUIS 1349 JUSQU'EN 1791.

1. Il n'y aura pas de grâces octroyées contre les marchands fréquentant les foires de Champagne et de Brie.

(1349. Édit de Philippe VI.)

2. Défense d'avoir égard aux lettres de rémission et de composition délivrées aux débiteurs du roi.

(1354. Édit de Jean II le Bon.)

3. Le chancelier, le maître des requêtes et autres officiers jureront que, s'ils ont quelque grâce à de-

mander à Sa Majesté, ce sera en présence de son grand conseil.

On n'accordera point de lettres de grâce pour meurtre, mutilation de membres, rapt ou viol de femmes, filles ou religieuses, pour les incendiaires des églises, et au cas de trêves ou de sauvegardes enfreintes.

Les officiers de la connétablie connaissent des lettres de rémission, pardon et autres semblables pour crimes commis par les gens de guerre et autres personnes de leur compétence.

(1356. Ordonnance de Charles, régent du royaume en l'absence de Jean le Bon.)

4. Le roi n'accordera aucune rémission de crime sans délibération du grand conseil signée par trois membres. Défense à la reine, aux lieutenants, capitaines, connétables et autres grands officiers d'accorder des grâces.

(1358. Ordonnance de Charles, régent du royaume en l'absence de Jean le Bon.)

5. Les grâces ne peuvent être accordées sans la permission du grand conseil.

Les meurtriers, ravisseurs et incendiaires ne sont point susceptibles d'obtenir des grâces.

(1359. Ordonnance de Charles, régent du royaume en l'absence de Jean le Bon.)

6. Le bouteiller de France a le droit de faire grâce.

(1366. Lettres patentes de Charles V le Sage.)

7. Lettres de rémission accordées au duc de Lorraine et aux habitants de Neufchâtel, à raison de crimes qu'ils ont commis.

(1367. Lettres patentes de Charles V le Sage.)

8. Lettres de rémission accordées au sire d'Amboise, accusé d'avoir enlevé et mis à composition un officier du roi, à la charge de rester huit jours en prison.

(1373. Lettres patentes de Charles V le Sage.)

9. Lettres qui accordent au duc de Berri le droit de faire grâce.

(1380. Lettres patentes de Charles VI.)

10. Lettres de rémission aux juifs pour les crimes et délits dont ils se sont rendus coupables.

(1380. Lettres patentes de Charles VI.)

11. Le chancelier de France a le droit d'accorder des lettres de grâce et de rémission.

(1401. Mandement de Charles VI.)

12. Aucun juge ne doit connaître de rémission s'il n'est royal. Défense est faite à MM. des Comptes de connaître de l'entérinement des lettres de rémission.

(Arrêt du parlement de Paris, 1401.)

13. Les gens des Comptes et le trésorier du Dauphiné doivent vérifier les lettres de grâce et de rémission avant de les faire exécuter dans cette province.

(1410. Lettres de Charles VI.)

14. La ville de Vendôme a le privilége de délivrer, tous les ans, un prisonnier, le jour du vendredi avant les Rameaux.

(1428. Vœu de Louis de Bourbon, comte de Vendôme.)

15. Défense à certains seigneurs, grands officiers de la couronne et gouverneurs de provinces, d'exercer le droit de grâce qui appartient au roi seul.

(1449. Édit de Charles VII.)

16. Lettres de rémission obtenues pour meurtre d'un individu en révolte contre la justice.

(1472. Lettres patentes de Louis XI.)

17. Des lettres de rémission accordées par le roi sont déclarées nulles par la cour des aides, et les coupables sont condamnés au bannissement malgré ces lettres.

(Arrêt de la cour des aides, 1473.)

18. Lettres qui accordent au prince d'Orange le droit de faire grâce.

(1475. Lettres de Louis XI.)

19. Il est permis au comte d'Angoulême d'élargir les prisonniers à son entrée dans les villes de son duché, excepté les criminels de lèse-majesté et de fausse monnaie.

(1477. Lettres de Louis XI.)

20. Lettres qui accordent au comte d'Angoulême le droit de faire grâce.

(1480. Lettres de Louis XI.)

21. Une femme, qui avait tué son mari, obtient des lettres de rémission fondées sur ce qu'il y avait eu provocation.

(1493. Lettres de Charles VIII.)

22. Au roi seul appartient le droit de faire grâce ;
il est défendu à toutes personnes d'entreprendre
d'exercer ce droit.

Ceux qui auront obtenu des lettres de rémission ou
de pardon les présenteront en jugement nu-tête et à
genoux, l'avocat du roi présent et les parties appelées.

Les lettres de pardon seront entérinées, si la con-
fession du prisonnier et les informations se trouvent
conformes.

Les lettres de grâce seront lues en pleine audience.

Les procureurs, pour empêcher le congé, n'allé-
gueront lettres de grâce s'ils ne les ont en mains.

Il ne sera rien pris par les juges, officiers royaux
et greffiers pour l'entérinement des lettres de grâce et
de rémission; sinon ce qui sera taxé pour les épices
de la visite du procès et cela sous quelles peines.

(1498. Ordonnance de Louis XII.)

23. Le roi seul peut donner grâce, pardon et rémission. Tous les pouvoirs donnés à cet effet sont
révoqués; les grâces ne peuvent donc plus être accordées par les gouverneurs de province.

(1507. Ordonnance de Louis XII.)

24. Le droit de grâce est conféré à la reine-mère.
(1514. Lettres de François Ier.)

25. Des lettres de grâce sont accordées par les rois
lorsqu'ils entrent pour la première fois dans une ville.
Ces lettres doivent être levées par l'impétrant dans les
six mois.

(Arrêt du parlement de Paris, 1518.)

26. Les greffiers des présentations délivreront au greffier criminel les défauts et congés des ajournés personnellement et des porteurs des lettres de grâce.

(1529. Édit de François Ier.)

27. Manière dont l'impétrant doit entendre la lecture des lettres de grâce et doit être interrogé sur lesdites lettres. Au besoin l'impétrant sera renvoyé en prison pour être plus amplement interrogé. Comment sera puni l'impétrant qui a exposé faux sur l'obreption et la subreption des lettres. — Les lettres de grâce expédiées en Provence doivent l'être au nom du roi.

(1535. Édit de François Ier.)

28. Les lettres de grâce, pour non nobles, seront adressées aux juges ressortissants en la cour compétente; si le procès avait été commencé par d'autres juges, ils les avertiraient et se feraient apporter les informations.

La vérification des lettres de rémission et de pardon appartient aux cours, et non aux prévôts et autres juges inférieurs.

Formes que les juges doivent suivre pour l'entérinement des lettres de grâce.

(1536. Édit de François Ier.)

29. Les juges ne prendront rien pour l'entérinement des lettres de grâce.

(1537. Ordonnance de François Ier.)

30. Le roi accorde à l'empereur Charles-Quint le pouvoir de faire grâce en France.

(1539. Lettres de François Ier.)

31. Défenses aux gardes des sceaux des chancelleries ès cours souveraines de bailler aucune grâce ni rémission, fors celles permises par justice et loys.

Les chancelleries n'accorderont aucune lettre de rappel de ban; les lettres impétrées pour ce seront nulles.

Grâce, rémission ou pardon seront nécessaires pour meurtre des personnes allant dans les champs armées, masquées et déguisées, lorsqu'elles sont tuées par suite de leur résistance.

Des lettres de grâce ne pourront être accordées par qui que ce soit dans le cas où il faut s'adresser au prince.

Elles ne le seront que pour causes dans lesquelles il n'échoit pas peine corporelle. Défense aux juges d'y avoir égard, et ordre de condamner les impétrants à l'amende.

Le roi n'accordera rappel de ban ou de galères à ceux qui y sont condamnés par les cours souveraines. Défense aux juges d'avoir aucun égard aux lettres contraires.

(1539. Ordonnance de François Ier.)

32. Les prévôts des maréchaux n'ayant été établis que pour poursuivre les crimes, n'ont pas qualité pour connaître de l'entérinement des lettres de grâce.

(Arrêt du parlement de Paris, 1548.)

33. Les lieutenants criminels des siéges présidiaux ont qualité pour entériner et vérifier les lettres de grâce.

(1553. Déclaration de Henri II.)

34. Les lieutenants criminels auront connaissance des lettres de grâce pour délits commis dans leurs territoires.

(1554. Déclaration de Henri II.)

35. Toutes lettres royaux ont en France force de loi quand elles sont registrées par les parlements.

(1556. Ordonnance de Henri II.)

36. Les seigneurs hauts justiciers ne peuvent jamais être reçus à former opposition à l'entérinement des lettres de grâce.

(Arrêt du parlement de Paris, 1558.)

37. Les maîtres des requêtes de l'Hôtel ne peuvent accorder aucunes lettres de rémission, fors celles qui sont ès cas de droit.

(1560. Ordonnance de François II.)

38. Arrêt du parlement de Dijon, 1562.

(*Voir* Arrêt du parlement de Paris, 1558.)

39. L'entérinement des lettres de grâce sera fait aux siéges présidiaux du lieu du délit, et il ne pourra être fait par un autre tribunal sans que les juges du lieu du délit en soient avertis.

Les lettres de grâce ne serviront que trois mois après leur date. Les lettres de surannation ne les valideront.

Les édits et ordonnances envoyés dans les cours des parlements doivent y être publiés immédiatement, sinon qu'il y ait lieu de faire quelques remontrances, auquel cas elles doivent être adressées au roi incontinent.

(1566. Ordonnance de Charles IX.)

40. Un condamné aux galères perpétuelles, qui a obtenu des lettres de rappel, n'est pas pour cela rétabli dans ses biens, à moins qu'il n'y en ait une clause expresse.

(Arrêts du parlement de Paris, 1566 et 1608.)

41. Arrêt du parlement de Paris, 1567.

(*Voir* Arrêt du parlement de Paris, 1558.)

42. Arrêt du parlement de Paris, 1568.

(*Voir* Arrêt du parlement de Paris, 1566.)

43. Le roi jouit seul du droit de grâce dans toute son étendue, sauf dans les cas de lèse-majesté, de duel, d'assassinat, d'outrage envers les magistrats dans l'exercice de leurs fonctions.

Des lettres de grâce ne seront accordées à ceux qui auraient excédé des officiers de justice ou sergents faisant leurs fonctions

Les lettres de grâce pour nobles et officiers du roi seront adressées au parlement. Pourra le parlement renvoyer les impétrants sur les lieux pour l'instruction du procès, conformément à la requête de la partie civile.

(1571. Déclaration de Charles IX.)

44. Les grâces se doivent adresser par-devant les présidiaux du ressort ou, en défaut, par-devant le bailli ou son lieutenant.

(Arrêt du parlement de Paris, 1572.)

45. Toutes lettres de rémission obtenues par les gentilshommes et officiers du roi seront présentées par eux en personne, tête nue et à genoux, aux cours des parlements.

(1572. Édit de Charles IX.)

46. Les officiers de la connétablie connaissent des lettres de rémission, pardon et autres semblables pour crimes commis par les gens de guerre et autres personnes de leur compétence.

Il ne sera accordé aucun rappel de ban ou de galères à ceux qui out été condamnés par arrêts des cours souveraines ; défense aux juges d'avoir égard aux lettres de cette nature.

(1573. Ordonnance de Charles IX.)

47. Restrictions apportées au droit de faire grâce de l'évêque d'Orléans.

(1578. Édit de Henri III.)

48. Arrêt du parlement de Paris 1578.

(*Voir* Arrêt du parlement de Paris, 1558.)

49. Défense à toutes personnes, qui approchent du roi, de demander des grâces pour histoires de meurtres, de guets-apens, pour les assassins ou ceux qui se sont loués pour cè, et enfin pour la seule machination d'assassinat, sans que la mort s'ensuive.

Défense d'obtenir rappel de ban ou de galères aux condamnés par les cours souveraines.

A qui doivent être adressées les grâces et rémissions; elles n'auront de valeur que durant trois mois après l'impétration.

Les officiers du sceau ne prendront rien, des parties, pour sceller leurs lettres. — Taxe du sceau des lettres de chancellerie. — Défense aux parlements d'enregistrer les lettres de grâce qui auraient été accordées à tort pour des crimes non graciables.

(1579. Ordonnance de Henri III.)

50. Le privilége de faire grâce, dont jouit le chapitre de l'église d'Orléans de temps immémorial, est grandement restreint.

(1597. Déclaration de Henri IV.)

51. Le roi peut dispenser les coupables de se présenter devant le parlement pour l'entérinement des lettres de grâce. — Des lettres de grâce ayant été accordées par un légat du pape à un ecclésiastique en France, le parlement juge qu'il a été abusivement procédé et que le procès sera suivi contre cet ecclésiastique.

(Arrêts du parlement de Paris, 1605.)

52. Les accusés de fausse monnaie, assassinats, incendies, sortiléges, incestes, voleries, guet-apens, faussetés et autres crimes énormes, et les prisonniers pour réparations civiles, ne jouiront pas des grâces accordées à l'occasion de l'entrée des reines.

(Arrêt du parlement de Paris, 1612.)

53. Les officiers de la connétablie connaissent des lettres de rémission, pardon et autres semblables pour crimes commis par les gens de guerre et autres.

(1617. Ordonnance de Louis XIII.)

54. C'est aux bailliages et présidiaux, dans lesquels les crimes ont été commis, que les lettres de grâce doivent être présentées par les roturiers.

(Arrêt du parlement de Paris, 1617.)

55. Les remontrances faites ou à faire n'empêcheront que les ordonnances ne tiennent.

(1629. Ordonnance de Louis XIII.)

56. Les sénéchaux connaîtront seuls des lettres de ban, pardon, rappel de ban, etc.

(1632. Édit de Louis XIII.)

57. Les lieutenants criminels en robe courte ne peuvent connaître de l'entérinement de lettres de grâce.

(Arrêt du parlement de Paris, 1643.)

58. Les officiers des élections, greniers à sel ou autres juridictions extraordinaires ne peuvent procéder à l'entérinement des lettres de grâce.

(Arrêt du conseil, 1651.)

59. Les porteurs des lettres de grâce doivent acquitter les frais de la contumace.

(Arrêt du parlement de Paris, 1654.)

60. Si, par exception, les avocats présentent des lettres de grâce, ils doivent être nu-tête.

(Délibération du parlement de Dijon, 1657.)

61. Les officiers de la connétablie connaissent des lettres de rémission, pardon et autres semblables pour

crimes commis par les gens de guerre et autres personnes de leur compétence.

(Arrêts du parlement de Paris, 1658-59-60.)

62. Les lettres de grâce remettent les amendes dues
au roi et aux seigneurs hauts justiciers, tant que ces
amendes n'ont pas été payées.

(Arrêt du parlement de Paris, 1661.)

63. Les porteurs des lettres de grâce doivent acquitter les frais de la contumace.

(Arrêt du parlement de Paris, 1666.)

64. Les lettres présentées par un impétrant dans
les trois mois ne tombent point en surannation par
rapport aux autres accusés, qui ne les ont point présentées dans ce temps.

(Arrêt du parlement de Paris, 1667.)

65. Formalités à l'égard de la partie civile lors de
l'entérinement des lettres de grâce.

(1667. Ordonnance de Louis XIV.)

66. L'ordonnance de 1670 sur le droit de grâce
établit les distinctions et pose les règles suivantes :

Les lettres de rémission s'accordent pour homicide
involontaire ou commis dans la nécessité d'une légitime défense de la vie.

Les lettres de pardon sont délivrées au cas où il n'y
a pas lieu de prononcer la peine de mort, mais où le
crime ne peut cependant être excusé.

Les lettres de rappel de ban et de galères sont des

lettres par lesquelles le roi décharge et rappelle du
bannissement ou des galères celui qui a été condamné
à temps ou à perpétuité; ce n'est que rarement que,
par ces lettres, l'impétrant est rétabli en sa bonne
renommée. Au cas ordinaire, l'infamie du crime reste
tout entière, c'est de la peine seule qu'il est fait
remise.

Les lettres pour ester à droit sont des lettres accordées à des accusés qui étaient absents pour des causes
légitimes et ont laissé écouler cinq ans sans purger
leur contumace. Au moyen de ces lettres, ils peuvent
procéder en justice pour faire juger de nouveau leur
affaire.

Les lettres d'abolition sont celles par lesquelles le
roi pardonne, éteint et abolit le crime dont un accusé
se reconnaît coupable, et le rétablit en tous ses droits
et bonne renommée.

Les lettres de commutation de peine sont des lettres
par lesquelles la peine prononcée est changée en une
peine moindre ou bien en un certain temps pendant
lequel l'impétrant devra servir dans les armées de
Sa Majesté.

Les lettres de réhabilitation sont celles par lesquelles
le roi rétablit en son honneur, droit et bonne réputation un condamné, ainsi qu'il l'était avant le jugement
de condamnation.

Les lettres de rémission et de pardon peuvent seules
être obtenues dans les chancelleries des parlements.
Toutes les autres lettres de grâce doivent être scellées
en grande chancellerie. Les lettres obtenues par les
gentilshommes doivent être adressées aux cours. Dans

certains cas elles peuvent l'être aux présidiaux compétents; les gentilshommes y doivent exprimer nommément leurs qualités. Les lettres obtenues par les roturiers doivent être présentées aux baillis, sénéchaux, ou aux juges royaux. L'arrêt ou le jugement de condamnation doit être attaché sous le contre-scel des lettres de grâce.

Les lettres doivent être présentées pour l'entérinement dans les trois mois de l'obtention.

Ceux qui obtiennent des lettres d'ester à droit doivent être écroués sans pouvoir être élargis pendant toute l'instruction.

Les lettres d'abolition doivent être conformes aux charges; elles ne sont accordées que pour certains crimes et doivent être, avant l'entérinement, communiquées au procureur du roi.

L'obtention et la signification des lettres de rémission ne sauraient empêcher l'exécution des décrets, ni l'instruction, jugement et exécution de la contumace, jusqu'à ce que l'accusé soit en état dans les prisons du juge, auquel l'adresse des lettres a été faite. Les porteurs des lettres de grâce doivent acquitter les dépens de la contumace.

Les demandeurs en lettres de rémission et de pardon doivent être présents à l'audience, tête nue et à genoux, et affirmer, après qu'elles auront été lues en leur présence, qu'elles contiennent vérité, qu'ils ont donné charge de les obtenir et qu'ils veulent s'en servir.

Les lettres doivent être signifiées à la partie civile.

Les charges et informations et procédures faites depuis l'obtention des lettres, doivent être portées au greffe du juge chargé de l'entérinement. Les procureurs du roi et la partie civile peuvent, malgré les lettres de rémission et de pardon, informer par addition et faire recoler et confronter les témoins. On est dispensé des formalités, à l'égard de la partie civile, si elle consent à ce qu'il soit procédé avant l'échéance des délais, par acte signé et dûment signifié.

Des différentes formalités de l'entérinement.

Les cours et les juges doivent entériner les lettres de grâce sans examiner si elles sont conformes aux charges, sauf auxdites cours à représenter au roi ce qu'elles jugeront à propos, et aux autres juges à faire leurs représentations au chancelier. Il est défendu aux lieutenants criminels et à tous autres juges, ainsi qu'aux greffiers et aux huissiers, de prendre et recevoir aucune chose pour l'entérinement des lettres de grâce (1).

(1670. Ordonnance de Louis XIV.)

67. Les lettres de grâce accordées par les évêques d'Orléans ne sont point sujettes à la formalité de l'enregistrement.

(Arrêt du conseil, 1670.)

68. C'est aux avocats, et non aux procureurs, qu'il appartient de présenter les lettres de grâce à l'audience.

En entérinant les lettres de grâce, les cours peuvent condamner le rémissionnaire, à ses frais et depens, à servir le roi dans ses armées.

(Arrêt du parlement de Paris, 1670.)

---

(1) Voir aux *Documents et Notes*, le commentaire de l'ordonnance de 1670.

69. Les impétrants doivent être déboutés des lettres de rémission et pardon qui ne sont pas conformes aux charges,

(Arrêt de la Tournelle, 1671.)

70. Les lettres de rappel de ban et de galères doivent être entérinées à l'audience.

En entérinant les lettres de grâce, les cours peuvent infliger des peines légères aux accusés.

(Arrêt du parlement de Paris, 1671.)

71. Les procureurs généraux certifieront la réception des lettres royaux rendues sans parties du propre mouvement du roi. Ils en informeront celui qui préside la chambre. Les lettres royaux, du propre mouvement du roi, seront distribuées sur le champ et rapportées trois jours après leur distribution. On délibérera de suite toutes affaires cessantes.

Défense d'y faire, •d'y enregistrer ou d'y recevoir aucune opposition.

Les communautés, au lieu d'opposition, pourront se pourvoir vers le roi.

Les lettres royaux seront enregistrées, sauf modifications qui en empêcheraient l'entière exécution. Les remontrances ne seront arrêtées qu'ensuite de l'enregistrement pur et simple.

Elles seront rédigées dans la huitaine de l'arrêt qui les ordonne, et elles seront faites au roi dans la huitaine pour Paris, et dans les six semaines pour les cours de province. Si le souverain, déférant aux remontrances, envoie une déclaration, elle sera enregistrée purement et simplement. Aucunes remontrances ne seront faites sur ces secondes lettres royaux, et nul officier ne sera d'avis contraire en ce cas. Les greffiers tiendront des feuilles de délibération sur les lettres et les feront parafer pour être envoyées en cour.

Les lettres royaux pour les particuliers pourront souffrir opposition et seront communiquées aux parties.

(1673. Déclaration de Louis XIV.)

73. En entérinant les lettres de grâce, les cours peuvent infliger des peines légères aux accusés.

(Arrêt du parlement de Paris, 1674.)

Dans certaines cours, les lettres de grâce ne peuvent être présentées en vacations; le contraire a lieu au parlement de Paris.

(Arrêt du parlement de Paris, 1677.)

74. Les cours peuvent, lors de leur entérinement, faire des remontrances fondées sur l'atrocité du crime.

Les lettres de rémission ne sont accordées qu'aux homicides involontaires; celles de pardon qu'aux cas où il n'échoit pas peine de mort.

Aucunes lettres de rémission ne seront données pour duels, assassinats, rapts et rébellion envers les officiers de justice.

Formes des lettres de grâce; elles ne peuvent être scellées qu'en la grande chancellerie.

Distinction en ce qui concerne l'entérinement des lettres de grâce données à des gentilshommes ou à des roturiers.

Les lettres ne peuvent être délivrées qu'en faveur de ceux qui sont prisonniers et écroués.

Lorsque les homicides ont été commis par suite de colère et ivresse, ces homicides n'ayant pas été commis pour la défense de la vie, doivent être l'objet de grâces émanant du souverain lui-même, et non des chanceliers établis près les cours.

Les chancelleries près les parlements ne pourront expédier lettres de rémission que pour les homicides involontaires ou pour les homicides commis dans la nécessité de défendre sa vie.

Formes de l'entérinement.

(1678. Édit de Louis XIV.)

74. De la procédure à suivre dans le cas où l'entérinement des lettres de grâce est demandé par un insensé ou un furieux.

(Bailliage criminel d'Orléans, 1678. — Cour d'Orléans, 1678.)

75. Arrêt du parlement de Paris, 1678.

(*Voir* Arrêt du parlement de Paris, 1674.)

76. Après l'entérinement, la partie civile n'est plus reçue à demander une nouvelle instruction.

(Arrêt du parlement de Paris, 1680.)

77. Les lettres obtenues par les gentilshommes pourront être adressées aux présidiaux, si leur compétence y avait été jugée contradictoirement.

(1680. Édit de Louis XIV.)

78. Il est interdit aux cours de procéder à l'entérinement des lettres de rémission autrement que pour le cas d'homicide involontaire.

Les amiraunés connaissent de l'entérinement des lettres de grâce accordées pour crimes qui ressortissent de leur connaissance.

(1681. Ordonnance de Louis XIV.)

79. Les officiers des Tables de marbre n'ont le droit d'entériner aucune lettre de grâce.

(Arrêt du conseil, 1682.)

80. Arrêt du parlement de Paris, 1682.

(*Voir* Arrêt du parlement de Paris, 1674.)

81. Obligations pour les cours d'entériner les lettres de rémission quand elles sont conformes aux charges, nonobstant que le terme d'abolition n'y soit pas employé.

Les lettres de rémission ne sont pas conformes aux charges lorsqu'elles sont complétement différentes aux circonstances du crime, au point de changer la qualité de l'accusation.

Les lettres de grâce, signées du roi, seront donc entérinées si l'exposé des charges et les charges sont conformes, en ce qu'ils ne changent la qualité de l'action.

Après l'entérinement les juges pourront faire des remontrances au chancelier.

(1683. Déclaration de Louis XIV.)

82. Les aumônes des porteurs des lettres de grâce seront pour le pain des prisonniers.

(1685. Déclaration de Louis XIV.)

83. Les cours et juges doivent surseoir à l'entéri-

nement toutes les fois que, dans les lettres de rémission non scellées du grand sceau, l'exposé des lettres n'est pas conforme aux circonstances résultant des charges.

(1686. Déclaration de Louis XIV.)

84. Un témoin unique qui viendrait aggraver l'exposé des lettres de grâce suffirait pour en suspendre l'entérinement.

(Arrêt du parlement de Paris, 1688.)

85. Les homicides commis dans la nécessité d'une légitime défense de la vie sont ceux que l'on fait pour sauver sa vie, malgré soi, et lorsque l'on peut être tué si on ne tue pas celui qui attaque.

(1688. Déclaration de Louis XIV.)

86. Quelquefois les lettres s'entérinent purement et simplement, en condamnant seulement le rémissionnaire en une aumône.

(1689. Arrêt du parlement de Paris.)

87. Les greffiers ne peuvent remettre aux parties qui ont été graciées, les procédures ; et les juges ne doivent point le permettre.

(Arrêt des grands jours de Poitiers, 1689.)

88. L'impétrant est condamné en une amende envers son seigneur, lorsque le procès a été instruit dans la justice de ce dernier.

(1691. Arrêt du parlement de Paris.)

89. Les lettres de grâce pour roturiers seront adres-

sées aux baillis ressortissant de la cour compétente, et si, dans ledit bailliage, le crédit des accusés est à craindre, les lettres doivent être présentées dans le bailliage voisin.

(1703. Déclaration de Louis XIV.)

90. Arrêt du parlement de Paris, 1705.

(*Voir* Arrêt du parlement de Paris, 1674.)

91. Arrêt du parlement de Paris, 1706.

(*Voir* Arrêt du parlement de Paris, 1691.)

92. Les cours et juges doivent surseoir à l'entérinement toutes les fois que, dans les lettres de rémission non scellées du grand sceau, l'exposé des lettres n'est pas conforme aux circonstances résultant des charges.

(1707. Déclaration de Louis XIV.)

93. Un particulier, ayant obtenu à tort des lettres de rémission de l'évêque d'Orléans pour homicide, est condamné à la roue nonobstant les lettres de grâce.

(Arrêt du parlement de Paris, 1707.)

94. La confiscation des biens est révoquée, lorsque la peine qui emporte confiscation est commuée en une autre qui ne l'emporte pas.

(Arrêt du parlement de Paris, 1708.)

95. Les lettres de rémission, scellées du grand sceau, ne seront entérinées si les circonstances sont différentes de l'exposé. Dans ce cas, les juges demanderont au roi de nouveaux ordres pour l'entérinement.

(1709. Déclaration de Louis XIV.)

96. Au cas où il y aurait des nullités dans la procédure, il faudra recommencer les informations et interroger le demandeur en lettres de grâce, lesquelles devront toujours subsister, quoiqu'elles soient antérieures à la nouvelle procédure.

(Arrêt du parlement de Paris, 1711.)

97. Arrêt du parlement de Paris, 1712.

(*Voir* Arrêt du parlement de Paris, 1691.)

98. Arrêt de la Tournelle, 1717.

(*Voir* Arrêt de la Tournelle, 1717.)

99. Moyens à employer pour qu'un accusé, qui a obtenu des lettres de grâce, ne soit pas recommandé par ses créanciers.

(Arrêt du parlement de Paris, 1718.)

100. Les sentences d'entérinement doivent être rendues au moins par trois juges.

(Arrêt du conseil, 1719.)

101. Arrêt de la Tournelle, 1722.

(*Voir* Arrêt de la Tournelle, 1671.)

102. Si le juge a rendu sa sentence définitive lorsque les lettres lui seront adressées, il n'a plus qualité pour connaître de l'entérinement.

(1723. Déclaration de Louis XV.)

103. A l'occasion du sacre des rois et de la naissance

des enfants de France, on a l'habitude d'accorder des grâces.

(1723 et 1725. Déclarations de Louis XV.)

104. Les cours et juges doivent surseoir à l'entérinement toutes les fois que, dans les lettres de rémission scellées du grand sceau, l'exposé des lettres n'est pas conforme aux circonstances résultant des charges.

(1727. Déclaration de Louis XV.)

105. Si quelqu'un des impétrants des lettres de grâce n'avait été décrété que d'ajournement personnel, il ne serait pas moins tenu d'être mis en prison.

(Arrêt du parlement de Dijon, 1729.)

106. A l'occasion du sacre des rois et de la naissance des enfants de France, on a l'habitude d'accorder des grâces.

(1729. Déclaration de Louis XV.)

107. Les présidiaux et les prévôts des maréchaux ne peuvent plus connaître, en dernier ressort, des crimes commis par les gentilshommes.

(1731. Déclaration de Louis XV.)

108. Édit qui limite le droit des évêques d'Orléans de délivrer les prisonniers à leur avénement.

(1753. Édit de Louis XV.)

109. Un huissier au Châtelet de Paris condamné à une peine infamante, puis réhabilité, est pourvu d'un nouvel office.

(Arrêt du parlement de Paris, 1755.)

110. Les évêques d'Orléans n'ont plus le droit de grâce que dans leur diocèse.

(1758. Édit de Louis XV.)

111. Le prévôt de l'Hôtel a droit de connaître de l'entérinement de grâces à la suite de crimes qui sont de sa compétence.

(Arrêt du conseil, 1762.)

—Nous ferons remarquer que l'on n'a pas colligé ici tous les documents sur la matière antérieurs à 1791; mais seulement ceux qui peuvent avoir quelque intérêt, soit au point de vue des formalités auxquelles donnait lieu la grâce, soit au point de vue historique.

Aux *Documents et notes*, à la fin du volume, se trouve la liste des principales lettres d'abolition.

II

LOIS, DÉCRETS, ORDONNANCES, CIRCULAIRES, DÉCISIONS MINISTÉRIELLES, AVIS DU CONSEIL D'ÉTAT, ARRÊTS DE LA COUR DE CASSATION ET DES COURS IMPÉRIALES, INSTRUCTIONS DE L'ADMINISTRATION DE L'ENREGISTREMENT,

DEPUIS 1791 JUSQU'EN 1865.

Constitutions.

1. Code pénal du 25 septembre 1791, article 13, titre VII, Ire partie :

« L'usage de tous actes tendant à empêcher ou suspendre l'exercice de la justice criminelle, l'usage des lettres de grâce, de rémission, de pardon et de commutation de peines, sont abolis pour tous crimes poursuivis par voie de jurés. »

2. Loi du 16 thermidor an x :

« Le Premier Consul a le droit de faire grâce, il l'exerce après avoir entendu, dans un conseil privé, le grand juge, deux ministres, deux sénateurs, deux conseillers d'État, deux membres du tribunal de cassation. »

3. Charte constitutionnelle du 4 juin 1814, article 67 :

« Le Roi a le droit de faire grâce et de commuer les peines. »

4. Acte additionnel aux constitutions de l'Empire, 22 avril 1815, article 57 :

« L'Empereur a le droit de faire grâce, même en matière criminelle, et d'accorder des amnisties. »

5. Charte du 14 août 1830, article 58 :

« Le Roi a le droit de faire grâce et celui de commuer les peines. »

6. Constitution du 4 novembre 1848, article 55 :

« Il (le Président de la République) a le droit de faire grâce, mais il ne peut exercer ce droit qu'après avoir pris l'avis du conseil d'État. Les amnisties ne peuvent être accordées que par une loi. Le président de la république, les ministres, ainsi que toutes les personnes condamnées par la haute cour, ne peuvent être graciées que par l'Assemblée nationale. »

7. Constitution du 14 janvier 1852, article 9 :

« Il (le Président de la République) a le droit de faire grâce. »

8. Sénatus-consulte du 25-30 décembre 1852, portant interprétation et modification de la constitution du 14 janvier 1852 , article 1ᵉʳ :

« L'Empereur a le droit de faire grâce et d'accorder des amnisties. »

— Les extraits suivants sont ceux des différents documents qui ont paru sur le droit de grâce et sur l'exercice de ce droit depuis 1791. Certains de ces documents auraient pu sans doute ne pas trouver place dans cette nomenclature, soit parce que les circonstances particulières, qui avaient nécessité les décisions rapportées, n'existant plus aujourd'hui, les rendent dès lors sans utilité pratique, soit parce que des décisions plus récentes ont abrogé celles qui avaient été précédemment rendues. Toutefois, il est important, selon nous, de n'omettre aucun de ces documents, qui, à défaut d'autres, ont un véritable intérêt historique.

9. Grâces générales accordées aux militaires qui ont quitté leurs drapeaux.

(Loi du 10 thermidor an III.)

10. Un tribunal commet un excès de pouvoir, tant en recommandant par son arrêt un condamné à la

clémence souveraine, qu'en ordonnant un sursis à
l'exécution.

(Arrêt de la cour de cassation du 6 floréal an V.)

11. Le simple recours en grâce du condamné ne
suspend pas l'exécution de la sentence, car il ne peut
dépendre de sa seule volonté d'arrêter le cours de la
justice.

(Circ. min. du 20 vendémiaire an X.)

12. L'exécution des jugements définitifs ne peut,
sous aucun prétexte, être suspendue par le recours en
grâce. Dans tous les tribunaux et conseils de guerre
indistinctement, les demandes en sursis et les recours
en grâce doivent avoir lieu pendant les délais de
l'instruction. Si les officiers chargés de l'exécution du
jugement n'ont pas reçu avis de la grâce ou du sursis
avant l'expiration des délais fixés par la loi pour cette
exécution, ils doivent y procéder.

(Circ. min. du 10 vendémiaire an XI.)

13. Tous les individus, condamnés par jugement à
la détention jusqu'à la paix pour délits politiques,
doivent être mis en liberté.

(Circ. min. du 19 vendémiaire an XI.)

14. Si la grâce ou le sursis ne sont pas parvenus
aux parquets avant l'époque à laquelle le jugement
doit être exécuté, les magistrats doivent procéder à
l'exécution, alors même qu'il existe un recours en
grâce.

(Circ. min. du 20 vendémiaire an XI.)

15. Les condamnés pour désertion s'étant fait remarquer par leur bonne conduite, pourront être recommandés à la clémence du souverain.

(Décret du 19 vendémiaire an XII.)

16. Les tribunaux criminels ne peuvent, sans excès de pouvoir, recommander un condamné à la clémence du souverain par un jugement, ni ordonner qu'il sera sursis provisoirement à l'exécution des jugements de condamnation.

(Arrêt de la cour de cassation du 16 pluviôse an XIII.)

17. L'exécution des jugements ne peut être suspendue sous aucun prétexte par les recours en grâce, à moins d'un ordre formel du ministre.

(Circ. min. du 13 messidor an XIII.)

18. Des formalités spéciales relatives aux lettres de grâce pour les colonies.

(Décret du 21 frimaire an XIV.)

19. L'amende payée avant la décision gracieuse ne peut être restituée.

(Avis du conseil d'État du 25 janvier 1807.)

20. Extension des dispositions du décret du 19 vendémiaire an XII aux condamnés aux fers pour insubordination.

(Décret du 16 mars 1807.)

21. Avis du conseil d'État sur le rejet d'une demande en remise ou modération d'une amende pro-

noncée pour contravention aux lois concernant les arbres destinés au service de la marine.

(18 septembre 1807.)

22. La grâce dispense de la peine, mais n'efface pas la condamnation. Les peines de la récidive peuvent donc être appliquées.

(Décret du 7 mars 1808.)

23. Peines contre les condamnés au boulet ou aux travaux publics qui, ayant obtenu leur grâce, ne se rendraient pas à leur destination.

(Décret du 7 mars 1808.)

24. Les cours impériales ont seules le droit d'entériner les lettres de grâce, quel que soit le tribunal qui ait prononcé la condamnation. La chambre d'accusation et celle des appels correctionnels, qui ne sont pas ordinairement réunies pour la tenue des audiences solennelles, doivent être convoquées à celles-ci. Pendant les vacances, on rassemble tous les membres de la cour présents, sous la presidence du premier président, ou, en son absence, sous celle du plus ancien des présidents de chambre.

(Décret du 6 juillet 1810.)

25. Il n'y a de réintégration pleine et entière du jour de la condamnation que par révision ultérieure; en conséquence, la grâce n'empêche pas le condamné qui l'a obtenue de demander la révision de son jugement dans le cas où cette voie lui est ouverte. Incapa-

cités produites par la mort civile au point de vue de la grâce.

(Arrêt de la cour de cassation du 30 novembre 1810.)

26. Arrêt de la cour de cassation du 27 juin 1811.

(*Voir* Arrêt de la cour de cassation du 30 novembre 1810.)

27. Décret concernant les déserteurs qui, après avoir obtenu leur grâce, ne se rendraient pas à leur corps ou déserteraient de nouveau.

(Décret du 23 novembre 1811.)

28. La grâce n'anéantissant pas le jugement de condamnation, mais faisant seulement remise de la peine, le gracié, qui commet un nouveau délit, peut être condamné aux peines de la récidive.

(Arrêt de la cour de cassation du 5 décembre 1811.)

29. Les lettres de grâce doivent être entérinées aux audiences solennelles des cours, après convocation des membres présents. Pendant les vacances, la réunion de la majorité suffit.

(Déc. min. du 14 septembre 1812.)

30. Décision ministérielle du 1er octobre 1812.
(*Voir celle du 14 septembre* 1812.)

31. Quand il est délivré au gracié expédition des lettres patentes de grâce, cette expédition doit être certifiée conforme par le président, le procureur général et le greffier.

(Déc. min. du 14 avril 1813.)

32. Sur l'exécution des décisions souveraines portant grâce ou commutation de peine en faveur d'individus condamnés pour crimes ou délits militaires.

(Décret du 14 juin 1813.)

33. Décision ministérielle du 7 juillet 1813.
(*Voir la décision ministérielle du* 14 *avril* 1813.)

34. Décret du 14 juin 1813, article 6.
(*Voir le décret du* 6 *juillet* 1810.)

35. Il doit être fait mention de l'entérinement en marge ou à la suite des lettres patentes.

(Déc. min. du 31 juillet 1813.)

36. La cour de cassation est chargée de pourvoir, par forme gracieuse, à la révision d'une condamnation prononcée par la cour d'assises d'Anvers, dont l'arrêt avait été cassé par un sénatus-consulte.

(Lettres patentes du 20 décembre 1813.)

37. « Les lettres d'abolition avant jugement, contre lesquelles les magistrats les plus distingués n'ont cèssé de réclamer autrefois, sont contraires aux règles, entravent le cours de la justice et nuisent à l'action des tribunaux; il n'en est pas de même de l'abolition après condamnation, surtout lorsqu'il s'agit de faits qui n'ont été considérés criminels qu'à raison des circonstances. »

(Lettres du 10 août 1814, accordées par Louis XVIII, à des individus condamnés pour faits politiques, et entérinées le 16 du même mois à la cour royale de Rouen.)

38. En matière correctionnelle, les lettres de grâce ne sont pas entérinées; une simple mention en marge du jugement suffit.

(Déc. min. du 13 août 1814.)

39. On ne doit faire subir les peines accessoires que quand elles sont formellement réservées par les lettres de grâce.

(Déc. min. du 3 septembre 1814.)

40. Les lettres de grâce peuvent être entérinées en audience solennelle par la chambre des vacations réunie sous la présidence du doyen des présidents, en cas d'absence du premier président, aux membres présents au chef-lieu ou dans les environs, et de préférence à ceux qui doivent former les chambres correctionnelles et de mise en accusation.

(Lett. min. du 12 septembre 1814.)

41. Si des lettres de grâce étaient entérinées par erreur dans une cour autre que celle du lieu de la condamnation, le procureur général devrait envoyer copie de l'arrêt d'entérinement à son collègue de cette dernière cour, pour qu'il en fît faire mention en marge de l'arrêt de condamnation.

(Déc. min. du 29 novembre 1814.)

42. La grâce emporte, de plein droit, la remise de toutes les peines accessoires, bien que cette remise ne soit pas exprimée dans les lettres, sauf les condamnations au profit de la partie civile et les frais du procès. Les amendes, ou confiscations, qui auraient été recou-

vrées par le Trésor, ne peuvent, à aucun titre, être revendiquées par le gracié ; néanmoins, si des titres de créances confisquées, et dont le recouvrement n'aurait pu être opéré, restent au greffe ou ailleurs, ils doivent lui être remis.

(Lett. min. du 20 février 1815.)

43. Lettres de grâce accordées par l'ancien gouvernement et non entérinées.

(Circ. min. du 10 avril 1815.)

44. La remise de la peine n'emporte pas restitution de l'amende, si cette amende a été perçue par le Trésor. La grâce prend toujours le condamné dans l'état où il se trouve, lorsqu'il l'obtient.

(Lett. min. du 6 mai 1815.)

45. Le condamné, qui demande sa grâce, doit être constitué prisonnier ou mis en liberté provisoire sous caution.

(Déc. min. du 5 juillet 1816.)

46. Une expédition du procès-verbal d'entérinement des lettres de grâce doit être adressée au procureur général du domicile du condamné, lorsque cet entérinement a lieu dans une autre cour.

(Circ. min. du 9 août 1816.)

47. On ne doit adresser un extrait du procès-verbal d'entérinement au ministre que sur sa demande ; autrement il suffit d'un avis par une simple dépêche.

(Déc. min. du 1er octobre 1816.)

48. Les magistrats composant une cour d'assises ne peuvent prendre une délibération pour recommander un accusé à la clémence du chef de l'État, mais ils peuvent transmettre au ministre le vœu du jury et lui adresser leurs observations à cet égard.

(Déc. min. du 16 novembre 1816.)

49. Les lettres de grâce peuvent être entérinées par la cour, hors la présence du gracié, lorsque sa translation au chef-lieu est impossible ; l'ordre de mise en liberté est donné par le ministre aussitôt l'entérinement.

(Lett. min. du 22 décembre 1816.)

50. La grâce doit être demandée au nom du condamné ; elle ne peut l'être par les cours d'assises en forme de délibération ; ce droit était accordé aux cours spéciales et prévôtales, parce que leurs arrêts ne pouvaient être déférés à la cour de cassation ; mais les individus condamnés par d'autres juridictions ont, au moyen du pourvoi, le temps d'attendre le résultat du recours en grâce. L'exécution de l'arrêt ne peut être suspendue par la délibération de la cour d'assises, et cette délibération ne peut suppléer à la demande du condamné. Les membres de la cour individuellement, ou par l'organe du président, et le chef du jury, peuvent, seuls, faire connaître au ministre les circonstances qui leur paraîtraient de nature à appeler sur le condamné la clémence du roi.

(Lett. min. du 13 juin 1817.)

51. Les cours d'assises ne doivent pas prendre de

délibération pour recommander les condamnés à la clémence royale, mais il n'y a pas d'inconvénient à ce que les membres de la cour d'assises ou le président, comme leur organe, ou celui des jurés, transmettent des observations sur les circonstances qui leur paraîtraient de nature à appeler une mesure d'indulgence à l'égard du condamné. Mais les cours d'assises ne peuvent, par une recommandation délibérée, suppléer à la demande en grâce qui doit être faite au nom du condamné.

(Circ. du proc. gén. de Paris du 24 juin 1817.)

52. Le commandant de gendarmerie du département où siége la cour doit être invité, par le procureur général, à assister à l'entérinement des lettres de grâce.

(Déc. min. du 25 juillet 1817.)

53. Antérieurement à la révision de 1832, il a été jugé qu'une cour royale, qui publiait des lettres de grâce, était compétente pour fixer le cautionnement du gracié renvoyé sous la surveillance de la haute police.

(Arrêt de la cour royale de Grenoble, du 6 août 1817.)

54. Lorsque des lettres de grâce n'expriment pas formellement la remise de la surveillance de la haute police, cette peine subsiste toujours. Jamais cette surveillance n'a été remise lorsqu'elle a été prononcée par l'arrêt, tandis qu'il n'est pas rare de voir les graciés soumis à cette peine lorsqu'ils n'y ont pas été assujettis par l'arrêt ou le jugement.

(Lett. min. du 3 septembre 1817.)

55. Lorsque des condamnés semblent dignes d'être graciés, les présidents des cours d'assises doivent transmettre leurs observations ou celles des jurés au ministre de la justice, par une lettre séparée, en marge de laquelle ils doivent mettre cette mention : «Bureau des grâces, » et non dans les comptes qu'ils dressent à la fin de chaque session. Le vœu du jury devant rester secret, ne saurait pas être exprimé à l'audience ; le procès-verbal des séances ne doit pas en faire mention. La recommandation des jurés ne peut avoir d'effet qu'autant que le condamné aura demandé sa grâce.

(Circ. min. du 15 septembre 1817.)

56. Lorsque les procureurs généraux sont consultés, ils doivent donner des renseignements précis sur les points suivants : 1° la date de l'arrêt ou du jugement ; 2° la cour ou le tribunal qui a statué ; 3° la peine principale prononcée ainsi que les peines accessoires ; 4° le lieu de la détention du condamné ; 5° les noms, prénoms et surnoms du suppliant. Ils ne doivent pas négliger les indications concernant la personne du condamné, telles que sa profession, son âge, son état civil, sa famille, sa moralité et sa conduite avant et depuis sa condamnation.

(Circ. min. du 12 novembre 1817.)

57. La grâce ou la commutation de peine n'éteint jamais les droits acquis à des tiers. Les actes de bienveillance souveraine ne peuvent donc leur être oppo-

sés quand leurs intérêts et leurs droits sont fixés par des contrats réguliers.

(Arrêt de la cour de cassation du 25 novembre 1817.)

58. Lorsque le condamné est gracié à la condition qu'il subira sa peine dans une maison de refuge, cette grâce est révoquée de plein droit si sa mauvaise conduite le fait chasser de la maison, et il doit passer dans les prisons le temps de sa peine qui lui reste à subir.

(Lett. min. du 2 décembre 1817.)

59. Il n'y a pas lieu de gracier un condamné de la peine prononcée contre lui par contumace.

(Déc. min. du 27 janvier 1818.)

60. Ordonnance concernant les grâces dites générales ou collectives, en faveur des individus qui, pendant le temps de leur détention, se sont fait remarquer par leur bonne conduite et leur repentir.

(Ordonnance royale du 6 février 1818.)

61. Les tribunaux militaires peuvent, pour des motifs graves, recommander les condamnés à la clémence du roi. Cette recommandation ne sera point insérée dans l'arrêt, mais dans un procès-verbal secret, motivé, dressé en la chambre du conseil, le ministère public entendu, conformément à l'article 595 du code d'instruction criminelle. (Quoique cette loi soit spéciale au recrutement, ses dispositions générales la font appliquer à tous les délits et crimes jugés par les tribunaux militaires.)

(Loi du 10 mars 1818.)

62. Le procureur général ou ses substituts, dans le chef-lieu de la cour, et le procureur impérial partout ailleurs, doivent faire de fréquentes visites dans les prisons à l'effet de vérifier les renseignements recueillis sur les condamnés qui ont demandé leur grâce, et d'obtenir des indications sur la conduite des détenus.

(Circ. min. du 14 mars 1818.)

63. Le recours en grâce ne peut suspendre, ni l'information, ni le jugement, ni l'exécution de la condamnation, à moins d'instructions expresses du garde des sceaux.

(Déc. min. du 17 avril 1818.)

64. Lorsque le gracié ne saurait, pour un motif grave, se présenter à l'entérinement des lettres de grâce, cette formalité peut être faite hors de sa présence.

(Déc. min. du 15 mai 1818.)

65. Lorsque des individus ont été condamnés pour des faits couverts depuis par une amnistie, ils ne peuvent être dispensés de subir leur peine que par des lettres de grâce.

(Déc. min. du 26 juin 1818.)

66. Quand il n'y a pas de recours en cassation, rien ne peut empêcher l'exécution du jugement.

(Déc. min. du 11 août 1818.)

67. Lorsque, dans des lettres de grâce adressées à

un procureur général, il se trouve des individus condamnés par des tribunaux d'un autre ressort, ce magistrat donne avis de la grâce aux procureurs généraux des ressorts dans lesquels se trouvent ces tribunaux, et leur transmet un procès-verbal de l'entérinement, à l'effet d'opérer les annotations qui doivent être faites à la suite des jugements et des arrêts ainsi que sur les registres d'écrou.

(Lett. min. du 25 août 1818.)

68. Manière dont les lettres de grâce doivent être entérinées pendant les vacances. (Voir lettre ministérielle du 12 septembre 1814.)

(Circ. min. du 22 septembre 1818.)

69. La grâce n'empêche pas l'application des peines de la récidive.

(Ordonnance royale du 14 octobre 1818.)

70. Ordonnance sur l'application de l'article 1ᵉʳ de l'ordonnance du 23 novembre 1811, relative aux militaires qui, après avoir été l'objet d'une mesure gracieuse pour désertion, désertent de nouveau.

(Ordonnance royale du 30 octobre 1818.)

71. Les condamnés graciés, qui se sont évadés depuis leur recours en grâce, ne peuvent demander l'entérinement de la décision royale qu'après qu'ils sont rentrés en prison. Les procureurs généraux doivent, dans ce cas, prendre les ordres du ministre.

(Déc. min. du 6 novembre 1818.)

72. Les frais ne peuvent être remis par la voie de la grâce, qui, à moins de termes formels, ne s'étend qu'aux peines corporelles et aux amendes.

(Déc. min. du 18 décembre 1818.)

73. Dans la première quinzaine du mois, les renseignements qui doivent servir de base au travail des grâces, seront adressés au garde des sceaux par les procureurs généraux et par les procureurs du roi. Les listes de présentation ne doivent comprendre que les individus qui se conduisent bien, qui sont dociles et laborieux; les détenus condamnés à des peines graves et de longue durée et qui sont en prison seulement depuis quelques mois, ne peuvent figurer sur ces listes de présentation; la plus grande discrétion doit être apportée dans la confection de ces listes.

(Circ. min. du 5 janvier 1819.)

74. Circulaire du ministre de l'intérieur aux préfets, 6 février 1819.

(*Voir* la circ. min. du 5 janvier 1819.)

75. Circulaire du procureur général de Paris, 11 février 1819.

(*Voir* la circ. min. du 5 janvier 1819.)

76. Les lettres de grâce peuvent être entérinées hors de la présence du gracié, lorsque, par suite d'un empêchement quelconque, il est impossible à celui-ci de se présenter à l'audience.

(Déc. min. du 25 janvier 1819.)

77. Quand il se trouve, sur des lettres de grâce, des individus condamnés par des tribunaux étrangers au ressort de la cour dans laquelle elles sont entérinées, extrait du procès-verbal d'entérinement doit être adressé au procureur général compétent.

(Déc. min. du 21 août 1819.)

78. La disposition relative aux droits de la partie civile, exprimée dans les lettres de grâce, n'est pas une condition de la grâce. La peine est remise aussitôt que le Roi a exprimé sa volonté; mais le devoir des magistrats chargés de l'exécution de la volonté souveraine est d'en donner avis immédiatement à la partie civile, afin qu'elle puisse mettre ses droits à couvert. L'écrou doit être levé et le prévenu mis en liberté, à moins d'une recommandation de la partie civile.

(Circ. min. du 28 mai 1819.)

79. La grâce des condamnés peut être demandée au Roi par les procureurs généraux, de leur propre mouvement. Deux listes distinctes doivent être dressées, par colonnes, contenant un numéro d'ordre, la désignation des prisons, le nom des villes où elles sont situées; les noms, prénoms, âges et professions des condamnés; les motifs de la condamnation, la peine, la date du jugement, le tribunal qui l'a prononcé, et des observations sur la remise entière ou partielle de la peine. L'une de ces listes contiendra les individus condamnés à des peines afflictives ou infamantes, et l'autre les individus condamnés à des peines correctionnelles. Ces listes doivent parvenir au garde des sceaux dans le courant du mois de mai.

(Circ. min. du 15 avril 1820.)

80. Décision ministérielle du 12 juillet 1820. (*Voir la décision du 15 mai* 1818.)

81. La demande en grâce peut être faite par le conseil du condamné, mais dans ce cas elle doit être accompagnée d'un mandat ou d'une autorisation émanée de lui ou de sa famille.

(Circ. min. du 28 juillet 1820.)

82. La grâce antérieure à l'exécution du jugement empêche la mort civile d'atteindre le condamné, et n'a pas besoin, par conséquent, de l'en relever.

(Arrêt de la cour royale de Toulouse du 21 août 1820.)

83. Cas où les lettres de grâce peuvent être entérinées hors de la présence du prévenu.

(Circ. min. du 13 septembre 1820.)

84. Lorsque des condamnés auront été exposés tardivement et qu'ainsi, par des circonstances indépendantes de leur volonté, ils auront été détenus sans que leur peine pût courir, il y aura lieu de leur accorder une commutation de peine; néanmoins, lorsque la peine, qui leur restera à subir, se réduira à l'espace de temps pendant lequel on a tardé à les exposer, il n'y aura pas lieu de s'en occuper.

(Lett. min. du 7 novembre 1820.)

85. Le procureur du roi doit demander des renseignements au maire et au curé de la commune, dans
laquelle demeurait le condamné avant son arrestation,
pour savoir, d'une manière précise, quelle était sa
conduite avant le fait qui a motivé sa condamnation
et pour s'assurer si sa mise en liberté est regardée
par ses concitoyens comme un événement fâcheux ou
comme une chose désirable. Il aura toujours soin,
en répondant à la demande de renseignements du
procureur général, de lui rendre compte des observations qu'il aura faites sur ce point.

(Circ. du proc. gén. de Paris du 16 novembre 1820.)

86. Les jurés ne peuvent pas mentionner de demandes en grâce en faveur du condamné à la suite
de leur réponse aux questions posées par la cour.
Les procureurs du roi ne doivent pas dire au jury :
Condamnez toujours, parce qu'il y a évidence, et
nous vous promettons d'obtenir la grâce de ce malheureux.

(Circ. du proc. gén. de Paris du 12 décembre 1820.)

87. Une condamnation par coutumace, n'étant définitive qu'après le délai de cinq ans écoulé, ne peut être
l'objet d'une grâce tant que l'individu en fuite ne s'est
pas constitué prisonnier.

(Déc. min. du 9 janvier 1821.)

88. Les effets de la destitution résultant d'une condamnation infamante prononcée contre un notaire,
restent en entier, lorsqu'il existe dans les lettres de

grâce une clause qui laisse subsister les effets civils de la condamnation.

(Déc. min. du 17 janvier 1821.)

89. L'entérinement hors de la présence du gracié, autorisé par le garde des sceaux, ne peut l'être que conformément aux intentions du Roi, puisqu'agissant au nom du souverain, il est chargé de faire connaître aux cours les décisions de grâce et d'en assurer l'exécution.

(Lett. min. du 27 février 1821.)

90. Déc. min. du 15 mars 1821.
(*Voir décision minist. du 5 juillet* 1816.)

91. Le procureur général ne peut se dispenser de donner les renseignements qui lui sont demandés, sous le prétexte qu'il n'a pas entre les mains les pièces de l'affaire, qui seraient encore à la cour de cassation en cas de pourvoi. Ce n'est pas sur ce qui existe au dossier que l'on demande des renseignements, mais sur les circonstances particulières que l'instruction et les débats ont pu présenter, et qui ne sont pas relatées dans la procédure; sur l'opinion que le ministère public a conçue, tant de l'affaire que du condamné; sur les avantages et les inconvénients qui résulteraient de la grâce — renseignements que le procureur général doit être en état de donner sans avoir recours au dossier.

(Lett. min. du 21 mars 1821.)

92. A la fin de chaque session, les présidents des cours d'assises doivent envoyer au ministre, séparé-

ment du compte général des assises, les rapports qui ont pour objet les recommandations faites en faveur de quelques-uns des condamnés; les lettres ne doivent pas concerner plusieurs individus, à moins qu'ils n'aient été condamnés par le même arrêt.

(Circ. min. du 25 mai 1821.)

93. Exécution de l'ordonnance royale de 6 février 1818.

(Circ. min. du 2 juin 1821.)

94. La grâce remet la peine, mais n'anéantit pas la condamnation et n'empêche pas l'application des peines de la récidive.

(Arrêt de la cour de cassation du 5 juillet 1821.)

95. La grâce laisse subsister les effets de la condamnation qu'elle ne supprime pas.

(Déc. min. du 14 juillet 1821.)

96. Les frais de poursuite ne sont remis par la voie de la grâce, comme dans le cas d'amnistie, que lorsque les lettres patentes l'expriment formellement.

(Déc. min. du 27 juillet 1821.)

97. Lorsqu'il y aura des circonstances atténuantes en faveur des condamnés, le Roi accueillera favorablement les recommandations faites en leur faveur.

(Circ. min. du 2 octobre 1821.)

98. Les demandes adressées au ministre des finances afin de remise ou modération d'amendes, droits en

sus ou doubles droits, ou en prorogation de délai pour le payement de sommes dues au trésor, pourront être déposées entre les mains du directeur de l'enregistrement du département, où est situé le bureau de perception ; rien ne devra être changé à la forme de ces réclamations qui devront toujours énoncer qu'elles sont adressées au ministre des finances ; les directeurs transmettront ces demandes à l'administration, avec leurs observations motivées, au plus tard dans la quinzaine qui suivra le jour du dépôt. Aucun changement n'est apporté au mode de transmission des pétitions ou mémoires qui auraient pour objet des réclamations contre des perceptions de droits de timbre ou de droits simples d'enregistrement. Ces réclamations doivent être adressées à l'administration.

(Déc. du min. des finances du 10 octobre 1821.)

99. On doit adresser exactement aux époques indiquées, les listes des détenus que leur bonne conduite rend susceptibles d'être graciés.

(Circ. min. du 7 mai 1822.)

100. Demande des listes de présentation pour les grâces de la Saint-Louis.

(Circ. du proc. gén. de Paris du 14 mai 1822.)

101. Si l'amende a été perçue avant la grâce par le trésor, elle ne peut être restituée.

(Déc. min. du 30 septembre 1822.)

102. La réhabilitation est nécessaire pour que le condamné recouvre l'exercice de ses droits civils et

politiques; la grâce ne saurait ni la remplacer, ni en dispenser. Si la grâce est accordée avant l'exécution du jugement, elle en prévient l'effet, et la réhabilitation n'est pas nécessaire.

(Avis du conseil d'État du 8 janvier 1823.)

103. Généralement la grâce en matière correctionnelle étant affranchie de la formalité de l'entérinement, des lettres royales, il suffit d'en faire une simple mention à la suite du jugement.

(Lett. min. du 5 mars 1823.)

104. Les recommandations des magistrats et des jurés ne peuvent suppléer au recours en grâce du condamné lui-même.

(Déc. min. du 21 août 1823.)

105. Décision ministérielle du 15 novembre 1824.

(*Voir* Déc. min. des 13 août 1814 et 5 mars 1823.)

106. Lorsque la surveillance de la haute police est prononcée en matière de police correctionnelle, comme peine accessoire, elle ne peut expirer qu'au terme fixé par l'arrêt ou le jugement; lorsqu'elle est l'accessoire d'une peine afflictive ou infamante, les lettres de réhabilitation peuvent, seules, la faire cesser.

(Déc. min. du 23 septembre 1823.)

107. Une condamnation par coutumace ne peut être remise par voie de grâce, attendu qu'elle n'est pas définitive, et qu'elle est annulée de plein droit lorsque

le condamné est arrêté, ou se présente de lui-même à la justice.

(Déc. min. du 16 novembre 1824.)

108. Lorsque l'amende n'est pas remise par une clause spéciale des lettres souveraines qui font grâce de l'emprisonnement restant à subir, elle subsiste toujours et doit être payée.

(Déc. min. du 6 janvier 1825.)

109. Les lettres de grâce accordées après l'exécution du jugement ne peuvent contenir aucune clause qui dispense des formalités prescrites par le code d'instruction criminelle pour la réhabilitation.

(Avis du conseil d'État du 8 janvier 1825.)

110. La surveillance de la haute police ne peut être remise par voie de grâce; lorsqu'elle est temporaire et prononcée par les tribunaux correctionnels, elle ne peut finir qu'à l'expiration du terme fixé; des lettres de réhabilitation peuvent, seules, la faire cesser dans le cas d'une peine afflictive et infamante.

(Déc. min. du 20 janvier 1825.)

111. Lorsque la grâce porte remise pleine et entière de la peine, l'amende est comprise, mais non les frais qui ne peuvent être remis que par une clause formelle et spéciale, ce qui n'a lieu que rarement.

(Déc. min. du 16 février 1825.)

112. Les grâces ne doivent être demandées par les parquets que pour les condamnés qui, par leur bonne

conduite soutenue et un repentir sincère ont mérité quelque indulgence.

(Circ. du proc. gén. de Rennes du 20 février 1825.)

113. L'amende perçue par le trésor ne peut être restituée en aucun cas.

(Déc. min. du 6 mai 1825.)

114. La grâce laissant subsister la culpabilité, le délit, la condamnation, le gracié peut être condamné aux peines de la récidive.

(Arrêt de la cour de cassation du 11 juin 1825.)

115. Lors d'une condamnation à une peine capitale, le procureur du roi fera immédiatement son rapport sur l'affaire, et donnera son avis sur les droits que le condamné peut avoir à la clémence du prince.

(Circ. du proc. gén. de Paris du 29 juin 1825.)

116. La grâce ne saurait dispenser que de la peine encourue, et ne saurait effacer et détruire la condamnation; le condamné qui a obtenu la remise ou la commutation de sa peine, ne peut ensuite subir une condamnation nouvelle pour un crime antérieur, à moins que ce crime ne soit passible d'une peine plus grave que celle déjà encourue.

(Arrêt de la cour de cassation du 15 octobre 1825.)

117. L'exécution des jugements ou arrêts n'est pas suspendue par la demande en grâce, et il n'y a lieu de statuer sur cette demande que lorsque le condamné s'est constitué prisonnier.

(Déc. min. du 31 octobre 1825.)

118. Accorder un sursis d'un an pour une peine de six mois est beaucoup trop long; les peines sont perdues pour l'exemple quand leur exécution est diffé-rée si longtemps.

(Lett. du proc. gén. de Paris du 15 décembre 1825.)

119. La grâce doit être demandée par une sup-plique présentée dans la forme la plus simple.

(Déc. min. du 12 juillet 1826.)

120. Lorsqu'il est fait remise à des marins de la peine du boulet, les lettres de grâce ne sont pas sou-mises à l'entérinement. Les hommes doivent être re-mis, sans autre formalité, à l'autorité administrative.

(Déc. min. du 8 septembre 1826.)

121. Les grâces accordées en vertu de la loi du 6 février 1818 seront accordées dorénavant à la Saint-Charles.

(Circ. min. du 18 août 1826.)

122. Un tribunal, qui reconnaît l'existence d'un délit, ne peut acquitter l'accusé.

(Arrêt de la cour de cassation du 23 septembre 1826.)

123. Les cours d'appel et les tribunaux excéde-raient leur pouvoir en prenant une délibération pour recommander un condamné à la clémence du Roi.

(Arrêt de la cour de cassation du 7 octobre 1826.)

124. La durée de la prescription d'une peine com-muée en une autre, se règle sur la nature de la peine

substituée à celle qui avait été prononcée primitivement ; ainsi une peine afflictive et infamante ayant été
commuée en un emprisonnement correctionnel, cette
dernière peine se prescrit par cinq ans.

(Circ. min. du 27 février 1827.)

125. Les lettres de grâce qui ne portent que la remise de la peine et qui ne contiennent pas la réintégration de l'individu gracié dans la jouissance de ses
droits civils, ne le délient pas des incapacités qu'il a
encourues par sa condamnation. En conséquence, les
juges peuvent refuser de l'entendre sous la foi du
serment, comme témoin, sans qu'il en résulte une
nullité.

(Arrêt de la cour de cassation du 6 juillet 1827.)

126. Demande de la liste des condamnés qui paraissent dignes d'être graciés à l'occasion de la Saint-
Charles.

(Circ. min. du 24 septembre 1827.)

127. Les officiers du ministère public peuvent faire
connaître au ministre seul leur opinion sur le mérite
des demandes en grâce, et ne doivent pas apostiller
ces demandes.

(Circ. min. du 25 septembre 1827.)

128. Quand des magistrats ont concouru à une condamnation et qu'ils pensent qu'il existe des motifs
d'indulgence en faveur du condamné, ils peuvent les
faire connaître au ministre ; mais ils ne doivent pas

insérer leur avis sur des pièces qui sont destinées à rester à la disposition des parties intéressées.

(Déc. min. du 20 février 1828.)

129. Le recours en grâce ne peut suspendre l'effet de la condamnation, à moins d'un ordre formel du ministre.

(Déc. min. du 17 avril 1828.)

130. Les listes des condamnés présentés à la clémence du roi ne doivent contenir que ceux que leur assiduité au travail, un repentir sérieux et une bonne conduite soutenue ont fait remarquer. Les condamnés à temps ne peuvent être portés qu'après la moitié au moins de leur peine subie; les condamnés à perpétuité qu'après dix ans au moins; les condamnés à perpétuité, déjà graciés, qu'après qu'ils auront subi la moitié au moins de la peine substituée. Les officiers du ministère public doivent faire de fréquentes visites dans les prisons; il leur est prescrit de joindre aux listes de présentation un rapport détaillé sur l'état des prisons, et de s'y expliquer sur les points suivants : si les prisons sont dirigées de manière à réformer les mauvais penchants des condamnés, s'il y domine quelques vices ou quelques désordres, et quelles sont les mesures qui ont été prises pour en arrêter le progrès; si les prisonniers sont classés dans des quartiers séparés et quelles sont les bases de cette classification; si les prisonniers reçoivent régulièrement des instructions morales et religieuses; si les détenus se conduisent bien généralement ou si des châtiments sévères

doivent être employés pour les contenir. Dans toutes
ces investigations, les officiers du ministère public
doivent éviter soigneusement d'empiéter sur les attributions de l'autorité administrative. Les renseignements sur les condamnés doivent faire connaître, aussi
exactement que possible, leur conduite dans les prisons, leur situation antérieurement au crime ou au
délit par eux commis, ainsi que les circonstances de
ce crime ou de ce délit. Des extraits des listes doivent
être communiquées aux magistrats dans le ressort desquels ont été prononcées les condamnations. Il n'est
pas nécessaire, contrairement aux précédentes instructions, de former des listes séparées pour chaque classe
de condamnés; il suffit de dresser une seule liste qui
parviendra au garde des sceaux dans la première quinzaine de septembre.

(Circ. min. du 9 août 1828.)

**131. Ordonnance concernant la cour de la Marti-
nique.**

(Circ. min. du 24 septembre 1828.—*Voir* arrêt de la cour de cassation
du 19 juin 1837.)

132. On ne peut gracier un condamné par contumace.

(Déc. min. du 28 octobre 1828.)

**133. La surveillance de la haute police ne peut être
remise par la voie gracieuse, mais seulement par la
réhabilitation.**

(Circ. min. du 19 novembre 1828.)

134. Il est prescrit aux membres du parquet de garder le silence sur les demandes en grâce, pour ne pas faire naître chez les condamnés un espoir qui pourrait être déçu et pour ne pas faire connaître le refus du chef de l'État, refus qui peut être commaudé par l'intérêt social.

(Circ. min. du 5 janvier 1829.)

135. En cas de pourvoi en cassation de la part d'un condamné à mort, le procureur général doit joindre, à l'envoi de la procédure à la chancellerie, une lettre particulière dans laquelle il exprime, par un avis motivé, les droits qu'aurait le condamné à la clémence du chef de l'État, ou la nécessité de laisser à la justice son libre cours.

(Déc. min. du 2 avril 1829.)

136. L'opinion des magistrats sur le recours en grâce ne doit être connue que du ministre; ils ne peuvent pas la faire savoir aux parties intéressées en apostillant leur demande.

(Déc. min. du 28 juillet 1829.)

137. Le condamné par contumace dont la peine a été prescrite et qui ne l'a pas subie, ne peut être réhabilité.

(Déc. min. du 25 mai 1830.)

138. L'exécution d'une condamnation capitale doit être suspendue, même quand il n'existe pas de recours du condamné; le ministère public doit envoyer toutes

lès pièces du procès au ministre, par l'intermédiaire du procureur général, et émettre son opinion sur les circonstances qui peuvent faire gracier le condamné. Le droit de faire grâce n'est pas, en effet, assujetti à la condition que le condamné implorera la clémence royale ; la grâce peut être accordée dans l'intérêt de la justice et de l'humanité.

(Circ. min. du 27 septembre 1830.)

139. L'exécution d'une peine capitale ne peut être suspendue, même après des révélations du condamné, à moins qu'il ne s'élève des doutes sérieux sur sa culpabilité.

(Déc. min. du 30 novembre 1830.)

140. Dans tous les cas où la cour d'assises a prononcé la flétrissure comme accessoire d'une peine temporaire, bien que le condamné n'ait formé ni pourvoi en cassation, ni recours en grâce, le procureur général doit faire connaître les circonstances du crime et surseoir à l'exécution jusqu'à la décision du Roi.

(Circ. min. du 16 avril 1831.)

141. Les pièces d'une procédure ne doivent être transmises au ministre, à l'appui d'un recours en grâce que quand il en demande communication.

(Déc. min. du 11 juillet 1831.)

142. En sortant des maisons centrales, les condamnés graciés recevront leur feuille de route pour se rendre librement au chef-lieu où doivent être entéri-

nées leurs lettres de grâce; ils ne doivent pas être transférés par la gendarmerie.

(Circ. min. du 22 juillet 1831.)

143. Sauf le cas où le roi estimerait nécessaire qu'il en fût autrement, il ne sera plus délivré de lettres patentes pour les grâces et les commutations de peines afflictives et infamantes. Il sera seulement donné avis de la décision, comme pour les grâces en matière correctionnelle, et le procureur général devra veiller à ce qu'annotation en soit faite en marge de l'arrêt.

(Circ. min. du 24 août 1831.)

144. L'exécution de tout jugement ou arrêt qui prononce la flétrissure doit être suspendue jusqu'à ce qu'il ait été statué par le roi, des renseignements doivent être adressés sur ce point au garde des sceaux.

(Déc. min. du 29 septembre 1831.)

145. Celui qui refuse de se présenter à la justice et de se soumettre à un jugement étant rebelle à la loi, n'est point reçu aujourd'hui à se pourvoir en grâce.

(Déc. min. du 23 novembre 1831.)

146. Les condamnés par contumace, ou ceux qui ont pris la fuite, ne peuvent être admis à demander leur grâce que dans de rares exceptions et lorsque le bien public l'exige.

(Déc. min. du 7 décembre 1831.)

147. Une disposition spéciale peut seule remettre la peine de la surveillance de la haute police.

(Déc. min. du 13 décembre 1831.)

148. Le droit de recommandation appartient aux tribunaux militaires pour les délits qui en ressortissent. Quoique cette loi soit relative au recrutement, comme ses dispositions sont générales, on les applique à tous les délits.

(Loi du 21 mars 1832, art. 46.)

149. Même décision, en ce qui concerne les tribunaux de répression de la garde nationale, qu'au n° 122.

(Arrêt de la cour de cassation du 31 mars 1832.)

150. La commutation d'une peine qui emporte mort civile en une autre peine qui ne l'emporte pas, empêche que la mort civile ne soit encourue :
« Attendu que les lettres de commutation de peine
« ne laissent subsister la mort civile contre le con-
« damné à la peine de mort, qu'autant que la peine
« substituée entraînerait légalement la même consé-
« quence. »

(Arrêt de la cour de cassation du 6 avril 1832.)

151. Quelquefois, et dans des circonstances extraordinaires, par exemple en cas d'épidémie dans une prison, on a été autorisé à accorder des grâces en plus grande quantité qu'on ne l'aurait fait d'ordinaire.

(Circ. min. du 16 avril 1832.)

152. En cas de recours en grâce de condamnés détenus dans les bagnes, on ne doit pas demander de renseignements au commissaire de la marine ou au ministre de ce département sur la conduite de ces condamnés; ces renseignements étant adressés annuellement au ministre de la justice par les commissaires de la marine chargés de la direction de ces établissements. Lorsque des renseignements sont demandés sur le recours en grâce de condamnés de cette classe, les officiers du ministère public doivent se borner à l'analyse des faits qui ont amené la condamnation, et à faire connaître la conduite antérieure du condamné. Les procureurs du roi n'ont à s'expliquer sur leur conduite postérieure que lorsqu'ils subissent leur peine dans les prisons ou les maisons centrales.

(Circ. min. du 7 février 1833.)

153. Demande d'une liste des condamnés dignes d'être graciés à l'occasion de l'anniversaire de l'avénement du Roi. Le procureur général doit faire connaître son opinion sur la mesure d'indulgence applicable à chaque individu, conformément aux dispositions de l'ordonnance du 6 février 1818, et de la circulaire ministérielle du 9 août 1828.

(Circ. min. du 13 avril 1833.)

154. En matière de grâce et de commutation, les peines accessoires ne doivent être exécutées que lorsque la décision l'exprime formellement.

(Déc. min. du 27 septembre 1833.)

155. Les listes de proposition de grâce doivent être closes dans le plus bref délai possible et contenir la mesure d'indulgence applicable à chaque condamné.

(Circ. min. du 22 avril 1834.)

156. En cas de pourvoi en cassation de la part d'un condamné à mort, la procédure doit être transmise au ministre par l'intermédiaire du procureur général, qui doit donner son avis sur l'opportunité d'une mesure gracieuse en sa faveur.

(Déc. min. du 26 juillet 1834.)

157. Déc. min. du 8 août 1834.
(*Voir la déc. min. du* 1ᵉʳ *octobre* 1816.)

158. Déc. min. du 30 mai 1335.
(*Voir la déc. min. du* 23 *novembre* 1831.)

159. Le ministre doit recevoir, avant le 15 avril, les listes des condamnés jugés dignes d'être graciés.

(Circ. min. du 4 février 1836.)

160. Les renseignements demandés sur les recours en grâce doivent être transmis au ministre d'une manière certaine et complète, par l'intermédiaire du procureur général du ressort.

(Déc. min. du 19 avril 1836.)

161. Il doit être fait mention de la grâce en marge de l'écrou du condamné et en marge de l'arrêt ou du jugement.

(Déc. min. du 7 août 1836.)

162. Les suppliques en grâce des condamnés contradictoirement, qui ne sont pas constitués prisonniers, ne sont plus admises.

(Déc. min. du 27 août 1836.)

163. Le recours en grâce d'un condamné en fuite ne peut être accueilli.

(Déc. min. du 31 octobre 1836.)

164. Les peines disciplinaires ne peuvent être l'objet d'un recours en grâce.

(Déc. min. du 6 janvier 1837.)

165. Il a été jugé que l'entérinement des lettres de grâce rentrait manifestement dans les attributions que l'article 54 de l'ordonnance du 24 septembre 1828 a conférées à la chambre permanente de la cour de la Martinique, pendant l'intervalle des sessions, et qu'aucune loi relative aux colonies ne prescrit une audience solennelle de la cour réunie, pour l'enregistrement des lettres de grâce.

(Arrêt de la cour de cassation du 19 juin 1837.)

166. Il est de principe que l'effet des lettres de grâce n'est pas d'abolir le crime, ni l'arrêt de condamnation auquel il a donné lieu, mais d'opérer la remise de la peine qui a été prononcée ; il suit de là que l'individu qui commet un nouveau crime après avoir obtenu sa grâce, est passible, en cas de condamnation pour ce crime, des peines de la récidive.

(Arrêt de la cour de cassation du 1er juillet 1837.)

167. On ne peut gracier un condamné par contumace.

(Déc. min. du 22 juillet 1837.)

168. La mise en surveillance peut faire l'objet d'une commutation de peine.

(Arrêt de la cour de cassation du 1er septembre 1837.)

169. Une commutation de peine laisse subsister tous les effets de l'arrêt ou du jugement qu'elle ne supprime pas formellement.

(Arrêt de la cour de cassation du 13 janvier 1838.)

170. Les listes de proposition de grâce, prescrites par la circulaire du 9 août 1828, doivent être remplacées par des notices dont le modèle est joint à la circulaire. A la réception des listes arrêtées par l'autorité administrative, le procureur général doit compléter la notice de chaque condamné, en relatant le numéro d'ordre qu'occupe le condamné sur la liste, et en consignant, au bas de la notice, les renseignements que contient la colonne 17 de la liste de présentation, la proposition faite par l'administration, et ses observations sur cette proposition. Les renseignements que la dernière colonne de la notice est destinée à contenir et l'avis sur le mérite du recours en grâce, doivent être donnés par le procureur général du ressort dans lequel a été condamné l'individu auquel la notice est applicable. Cette notice est transmise au ministre par le procureur général qui l'a complétée. Si des condamnés, non compris sur la liste de l'administration, méritent cependant d'être graciés, le pro-

cureur général dressera pour chaque prison, un état intitulé : « Liste supplémentaire de présentation pour la prison de.....» Il devra rédiger pour ces condamnés des notices qui seront adressées au ministre par le procureur général dans le ressort duquel la condamnation aura été prononcée.

(Circ. min. du 20 janvier 1838.)

171. Les grâces ne peuvent être demandées par les officiers du ministère public qu'en faveur des individus que leur bonne conduite soutenue et leur repentir sincère ont rendus dignes de cette faveur.

(Circ. du proc. gén. de Rennes du 15 février 1838.)

172. Les notices des détenus, jugés dignes d'être graciés, doivent être adressées au ministre dans le courant de mars. Les notices des condamnés détenus dans un ressort, mais condamnés dans un autre, ou par une juridiction autre que la juridiction ordinaire, doivent être complétées, suivant les circonstances, par le procureur général, le commandant de la division militaire ou le préfet maritime du lieu de la condamnation. En ce qui concerne les notices applicables à des individus condamnés hors du territoire continental du royaume, le ministre de la justice se charge de les faire compléter par l'intermédiaire de ses collègues des autres départements.

(Circ. min. du 1er janvier 1839.)

173. On ne peut demander à être relevé d'une amende acquittée.

(Avis du conseil d'État du 31 janvier 1839.)

174. Le travail pour les grâces générales est fait,
dans chaque prison, par le directeur. Le préfet clôt la
liste qui lui est transmise et arrête le nombre exact
des condamnés à gracier ; il fait ensuite parvenir cette
liste au ministre de l'intérieur, lequel la communique
à son collègue de la justice.

(Circ. du ministre de l'intérieur du 20 mars 1839.)

175. Les mesures de discipline prises contre les
officiers ministériels n'étant pas considérées comme des
peines, il ne saurait y avoir lieu dans l'espèce à l'application du droit de grâce. Les condamnations disciplinaires prononcées contre les officiers ministériels
ne peuvent donc être l'objet de décisions gracieuses.
Les condamnations prononcées par arrêt ou jugement
rendu en audience publique, échappent au droit de
révision accordé au garde des sceaux sur celles prononcées disciplinairement en chambre du conseil.

(Déc. min. du 12 avril 1839.)

176. L'entérinement est pour les cours une simple
formalité, mais une formalité obligée de leur part;
leur rôle y est purement passif.

(Arrêt de la cour de cassation du 17 juillet 1839.)

177. Déc. min. du 2 novembre 1839.
(*Voir déc. min. du 20 février* 1828.)

178. Les préfets dressent, chaque année, pour le
1ᵉʳ mai, en exécution de l'ordonnance du 6 février 1818,
une liste des condamnés qui se sont fait remarquer par

leur assiduité au travail, leur bonne conduite dans les prisons et qui sont jugés dignes de participer aux effets de la clémence du gouvernement. Ces présentations, avant d'être examinées par la chancellerie, sont communiquées aux procureurs généraux dans les ressorts desquels les condamnations ont été prononcées. Les magistrats consignent leurs observations sur des notices séparées, dont les modèles leur sont envoyés, chaque année, dans les premiers jours de janvier, par le garde des sceaux. Ces notices, dont le nombre doit être égal à celui des condamnés et qui portent un numéro d'ordre correspondant aux listes de présentation, sont transmises, après avoir été remplies, au garde des sceaux, dans la courant du mois de mars.

(Circ. min. du 30 janvier 1840.)

179. Circ. du ministre de l'intérieur du 10 février 1840.

(Voir celle du 20 mars 1839.)

180. Lorsqu'un condamné remet son recours en grâce au procureur du roi, ce magistrat ne doit pas lui faire connaître son opinion, ni la consigner sur une pièce destinée à rester à sa disposition.

(Déc. min. du 16 mai 1840.)

181. Les lettres de commutation de peines, accordées aux militaires condamnés par les conseils de guerre, doivent être entérinées par les cours royales.

(Déc. min. du 18 septembre 1840.)

182. Circ. min. du 11 janvier 1841.
(Voir la circ. min. du 30 janvier 1840.)

183. Quand l'avis d'une grâce accordée est transmis au ministère public, il doit en accuser réception sur-le-champ, sauf à donner plus tard à la chancellerie, avis de l'exécution de la décision gracieuse.

(Déc. min. du 27 février 1841.)

184. Les procureurs du roi ne doivent ni apostiller les recours en grâce, ni faire connaître aux condamnés leur opinion sur la suite à y donner.

(Lett. min. du 10 mars 1841.)

185. Un demande en grâce formée par le jury en faveur de l'accusé et signée par un individu, dont le nom n'a pas été notifié à l'accusé, ne peut servir de base à un pourvoi en cassation.

(Arrêt de la cour de cassation du 1ᵉʳ juillet 1841.)

186. Recommandation de se conformer aux circulaires des 20 janvier 1838 et 1ᵉʳ janvier 1839, pour la transmission des notices destinées à recevoir les renseignements sur la position des condamnés dignes d'être graciés, en exécution de l'ordonnance royale du 6 février 1818.

(Circ. min. du 22 janvier 1842.)

187. L'entérinement des lettres de grâce n'a lieu que pour les condamnés à mort, les autres en sont dispensés.

(Déc. min. du 21 mai 1842.)

188. Les recours en grâce, sur lesquels le garde des

sceaux ne demande pas de renseignements, ne doivent pas suspendre l'exécution de la condamnation.

(Circ. min. du 29 novembre 1842.)

189. Ce n'est pas sur les faits constatés par la procédure, mais sur le résultat des débats, et les circonstances favorables ou défavorables aux suppliants, que les magistrats doivent s'expliquer; ils doivent donc donner leur avis sans attendre le retour du dossier de la cour de cassation.

(Déc. min. du 17 décembre 1842.)

190. Circ. min. du 11 janvier 1843.
(*Voir la circ. min. du* 30 *janvier* 1840.)

191. Les condamnations disciplinaires prononcées contre un notaire, à raison de leur nature purement civile, ne peuvent être graciées.

(Déc. min. du 10 août 1843.)

192. On ne doit pas attendre le résultat du pourvoi en cassation pour donner les renseignements demandés sur un recours en grâce.

(Déc. min. du 5 décembre 1843.)

193. Quand les agents des douanes ou des contributions indirectes pensent qu'il y a lieu de provoquer une remise ou une diminution de l'emprisonnement, ils en informent l'officier du ministère public près le tribunal qui a prononcé la condamnation. Ce magistrat doit transmettre, sur-le-champ, son avis au minis-

---

tre de la justice, avec les renseignements exigés sur le recours en grâce ; si le condamné n'est pas en prison, il est sursis provisoirement à l'exécution du jugement.

(Circ. min. du 1ᵉʳ janvier 1844.)

194. La mort civile ne cesse point par l'effet de la grâce pure et simple accordée au condamné.

(Arrêt de la cour royale de Rouen du 23 avril 1845.)

195. La surveillance ne peut être remise que par la réhabilitation.

(Déc. min. du 12 juillet 1845.)

196. Une amende payée ne peut être restituée.

(Lett. min. du 14 juillet 1845.)

197. Les lettres de grâce ne sauraient accorder, au condamné, remise de la restitution ou du remboursement envers le trésor, des frais de poursuite, ni de la contrainte par corps attachée par la loi et par l'arrêt, à l'exécution de cette disposition dudit arrêt.

(Arrêt de la cour royale de Nancy du 21 novembre 1845.)

198. Lorsque le ministre ne demande pas de renseignements sur un recours en grâce, c'est qu'il ne le trouve susceptible d'aucune suite ; il n'y a donc pas lieu d'ajourner l'exécution, ni de demander de renseignements sur les intentions de Son Excellence.

(Déc. min. du 27 février 1846.)

199. Il n'est pas possible que les frais soient remis

par la voie de la grâce, à moins qu'il ne soit produit un certificat d'indigence absolue.

(Circ. min. du 26 mai 1846.)

200. Les renseignements demandés au procureur général sur les recours en grâce s'appliquent principalement aux circonstances favorables ou défavorables au condamné, résultant des débats et non de la procédure.

(Déc. min. du 17 octobre 1846.)

201. Les notices relatives à chaque condamné détenu recommandé à la clémence du Roi, doivent parvenir au ministre dans le courant de mars et contenir les causes de la condamnation avec l'avis du procureur général sur les mesures de clémence.

(Circ. min. du 4 février 1847.)

202. Arrêt de la cour royale d'Orléans du 5 février 1847.

(*Voir arrêt de la cour de cassation du 6 avril* 1832.)

203. Arrêt de la cour royale de Montpellier du 17 août 1847.

(*Voir l'arrêt de la cour royale de Rouen du* 23 avril 1845.)

204. La grâce ou la commutation de peine ne peut priver la femme du droit de demander la séparation de corps qui lui était acquise par la condamnation de son conjoint à une peine infamante, avant que cette peine ne fût l'objet d'aucune mesure gracieuse. Voir articles 232, 306 et 261 du code Napoléon.

(Arrêt de la cour royale de Paris, 19 août 1847.)

205. On ne doit pas, sur le simple avis du condamné qu'il a formé un recours en grâce, surseoir à l'exécution du jugement de condamnation. Les recours en grâce, excepté en matière capitale, ne sont suspensifs que lorsque les magistrats sont consultés par le garde des sceaux sur l'opportunité d'une mesure d'indulgence, ou lorsqu'ils prennent l'initiative de la recommandation en faveur du condamné.

(Circ. min. du 11 octobre 1847.)

206. Transmission des notices dans lesquelles le procureur général doit insérer, pour chaque individu détenu dans les bagnes ou ailleurs, et recommandé à la clémence du Roi, les causes de la condamnation et son avis sur la mesure proposée; ces notices doivent parvenir à la chancellerie dans le courant de mars. Voir les circulaires ministérielles des 20 janvier 1838 et 1er février 1839.

(Circ. min. du 9 janvier 1848.)

207. Arrêt de la cour royale de Nîmes du 11 janvier 1848.

(*Voir l'arrêt de la cour de Rouen du 23 avril* 1845.)

208. Le jour où l'Assemblée nationale doit s'occuper de la distribution des grâces générales ayant été fixé, le procureur général doit envoyer son travail au ministre dans le plus bref délai possible, en ne présentant, à moins de circonstances exceptionnelles, que des condamnés qui, au 18 avril prochain, auront subi la moitié de leur peine, si elle est temporaire, et dix ans au moins, si elle est perpétuelle.

(Circ. min. du 14 mars 1848.)

209. L'amende perçue ne peut être restituée en cas de grâce.

(Déc. min. du 19 juin 1848.)

210. Les condamnés en récidive ne peuvent être réhabilités.

(Déc. min. du 30 juin 1848.)

211. Un contumace ne peut être gracié tant qu'il ne s'est pas constitué prisonnier.

(Déc. min. du 4 juillet 1848.)

212. Déc. min. du 14 juillet 1848.
(*Voir déc. min. du* 23 *septembre* 1823.)

213. Déc. min. du 22 août 1848.
(*Voir déc. min. du* 23 *septembre* 1823.)

214. La surveillance ne peut cesser que par suite de réhabilitation.

(Déc. min. du 18 novembre 1848.)

215. On ne peut statuer sur le recours en grâce d'un condamné à un emprisonnement de longue durée, alors qu'il n'est pas constitué prisonnier.

(Déc. min. du 28 novembre 1848.)

216. Un condamné par contumace n'est admis à demander sa grâce qu'autant qu'il s'est constitué prisonnier.

(Déc. min. du 26 janvier 1849.)

217. Les amendes payées ne pouvant être restituées, le recours en grâce est inutile à leur égard.

(Déc. min. du 1ᵉʳ février 1849.)

218. Il est incontestable que les lettres de grâce n'ont jamais eu d'action que du souverain au condamné, auquel par lesdites lettres il est seulement fait remise de la peine ; tandis que les lettres de réhabilitation intéressent la société, dans le sein de laquelle le gracié est rétabli avec la plénitude des droits dont il jouissait avant la condamnation.

(Arrêt de la cour de cassation du 10 avril 1849.)

219. Les condamnés à mort, dont la peine a été commuée en une peine entraînant de plein droit la surveillance, se trouvent par cela même soumis à cette peine.

(Jugement du tribunal de la Seine du 12 juillet 1850.)

220. Il est inutile de demander la remise d'amendes qui ont été payées, puisqu'elles ne peuvent être restituées.

(Déc. min. du 13 nov. 1850.)

221. Même objet que la précédente décision ministérielle.

(Lett. min. du 7 mars 1851.)

222. Le témoin condamné à l'amende pour non-comparution ne peut demander sa grâce qu'après avoir épuisé les moyens légaux pour être déchargé de cette

peine, ou lorsque la condamnation est devenue définitive.

(Déc. min. du 14 avril 1851.)

223. L'amende acquittée antérieurement à la grâce ne peut être restituée.

(Déc. min. du 17 avril 1851.)

224. Lorsqu'un individu condamné à l'amende est décédé, l'amende devient une dette de sa succession envers l'État et ne peut être graciée, parce qu'elle a perdu son caractère pénal.

(Déc. min. du 18 avril 1851.)

225. Les magistrats du ministère public ne doivent donner des renseignements sur le mérite d'un recours en grâce qu'à leurs supérieurs hiérarchiques.

(Déc. min. du 14 mai 1851.)

226. La surveillance de la haute police, lorsqu'elle est la conséquence forcée de la peine appliquée, suit le sort de cette peine; il résulte de là que si la peine principale a été absorbée dans une autre peine, et que si celle-ci vient à être effacée par une amnistie, la surveillance est également effacée par cet acte de bienveillance souveraine.

(Cour d'appel de Paris, arrêt du 7 juin 1851.)

227. Il ne peut être statué sur le recours en grâce formé par une personne autre que le condamné.

(Déc. min. du 20 décembre 1851.)

228. Il est accordé annuellement des grâces générales le 15 août, seul jour de fête nationale.

(Décret du 16 février 1852.)

229. Décret instituant une commission de trois membres avec pouvoir « pour chacun d'eux de reviser les condamnations qui ont été prononcées par les commissions mixtes et d'ordonner la mise en liberté de tous les détenus pour délits politiques, qui n'auront pas été renvoyés devant les tribunaux ordinaires, et dont l'élargissement ne paraîtra pas dangereux pour la sécurité publique, comme aussi avec le droit de commuer la peine qui aura été infligée par ces commissions en une peine d'un degré inférieur. »

(Décret du 26 mars 1852.)

230. « A dater de la promulgation du présent décret, il sera statué sur les recours en grâce relatifs à des décisions des commissions mixtes, suivant les formes ordinaires, et conformément aux lois et règlements en vigueur. »

(Décret du 26 avril 1852.)

231. L'exécution du jugement doit être suspendue sur la simple déclaration du condamné qu'il entend se pourvoir en grâce.

(Déc. min. du 2 juin 1852.)

232. Art. 1er. « A l'avenir les rapports sur les commutations de peines par suite des condamnations prononcées par les juridictions militaires et maritimes, seront soumis directement au Prince-Président de la

République par le ministre de la guerre et par le ministre de la marine. »

Art. 2. « Néanmoins, le ministre de la guerre et le ministre de la marine devront préalablement obtenir l'avis, par écrit, du ministre de la justice, à qui les pièces de la procédure seront communiquées à cet effet, avec leur proposition. Le rapport au Prince-Président contiendra l'avis du ministre de la justice. »

Art. 3. « L'entérinement des lettres de grâce ne pourra avoir lieu que de l'ordre exprès du garde des sceaux, ministre de la justice, adressé au procureur général compétent. »

(Décret du 10 juillet 1852.)

233. Lorsque la surveillance de la haute police est prononcée comme peine accessoire, elle ne peut être remise par voie de grâce. Elle peut l'être au contraire quand elle a été prononcée comme peine principale.

(Déc. min. du 17 janvier 1853.)

234. Les avocats généraux et les substituts devront préparer les rapports sur les recours en grâce dans les affaires dans lesquelles ils ont porté la parole; ces rapports devront être faits dans les trois jours de la communication qui leur aura été faite du dossier et de la demande.

(Circ. du proc. gén. de Paris du 14 novembre 1853, aux avocats généraux et aux substituts près la cour impériale.)

235. La surveillance de la haute police prononcée comme peine principale peut seule être remise par la voie de la grâce.

(Déc. min. du 27 avril 1854.)

236. Le recours en grâce, porté à la connaissance des magistrats par les parties intéressées, ne peut suspendre l'exécution du jugement, à moins de circonstances extraordinaires dont il doit être référé sur-le-champ au garde des sceaux; mais il n'en est pas de même lorsque le recours en grâce est transmis ou annoncé au parquet avec ordre de procéder à une instruction; dans ce cas, l'exécution doit être suspendue. A l'égard des condamnés à mort, et sans même qu'il soit besoin de recours en grâce, l'exécution doit être suspendue jusqu'à la décision de l'Empereur.

(Circ. min. du 2 mai 1854.)

237. En cas de grâce, le condamné qui subit la peine des travaux forcés dans des établissements créés sur le territoire d'une possession française, ne pourra être dispensé de l'obligation de la résidence, ordonnée par l'article 6 de la loi de 1854, que par une disposition spéciale des lettres de grâce.

(Loi du 30 mai 1854.)

238. La surveillance résultant d'une condamnation à une peine afflictive et infamante ne peut être remise par voie de grâce ; mais il en est autrement de la condamnation à la surveillance prononcée comme peine accessoire par les tribunaux jugeant correctionnellement.

(Circ. du proc. gén. de Paris du 8 septembre 1854.)

239. La surveillance de la haute police est toujours

maintenue quand elle n'est pas remise par une disposition spéciale des lettres de grâce.

(Arrêt de la cour impériale de Paris du 2 février 1855.)

240. Application de la circulaire ministérielle du 2 mai 1854 à l'égard des condamnations à l'amende. Afin d'assurer la suspension du recouvrement de l'amende dont la grâce est demandée, les procureurs impériaux, aussitôt qu'ils auront reçu l'ordre de faire une instruction relativement à un recours en grâce s'appliquant en tout ou en partie à une amende, doivent en donner avis aux receveurs de l'enregistrement, qui, sur cette notification, suspendront le recouvrement jusqu'à la décision définitive, dont ils seront également informés. A défaut de cet avis, les receveurs de l'enregistrement doivent poursuivre le recouvrement des condamnations pécuniaires avec toute la promptitude autorisée par la loi. On recommande aux procureurs impériaux la plus grande célérité dans l'examen préparatoire des demandes en grâce, et dans la réunion des renseignements qu'ils doivent adresser au garde des sceaux.

(Circ. min. du 3 mars 1855.)

241. L'héritier d'un individu condamné à l'amende et décédé par la suite, ne peut demander la remise de cette peine qui a perdu son caractère pénal; le ministre des finances a seul autorité pour statuer sur la demande.

(Déc. min. du 12 décembre 1856.)

242. Si un individu condamné par contumace à la

peine de la déportation par arrêt de la haute cour de justice, et rentré plus tard en France dans les cinq ans, en vertu d'un sauf-conduit, avec l'intention ou sous la condition à lui imposée de purger sa contumace, vient à obtenir des lettres de grâce, par lesquelles il lui est fait remise pleine et entière de la peine encourue ; cet individu a droit, de ce moment, à la restitution définitive par le domaine des sommes que cette administration aurait perçues sur ses biens, en payement des frais du procès.

Peu importe que les lettres de grâce ne fassent remise que de la peine uniquement, et non des frais du procès ; l'exonération des frais étant la conséquence, non de la grâce, mais de l'anéantissement de l'arrêt de condamnation par l'effet de la rentrée du condamné en France.

(Cour impériale de Colmar, arrêt du 27 avril 1858.)

243. Les instructions du 3 mars 1855, sur l'effet suspensif du recours en grâce sont modifiées. Ce n'est plus au receveur de l'enregistrement, mais au directeur des domaines du département que le procureur impérial doit donner avis des recours en grâce s'appliquant en tout ou en partie à des amendes. Cet avis sera transmis par le directeur au receveur chargé du recouvrement, lequel lui fera connaître le payement ou le non-payement de l'amende, et dans ce dernier cas surseoira aux poursuites. Cette réponse sera communiquée en substance par le directeur au procureur impérial, qui devra adresser la dépêche du directeur avec tous les renseignements qu'il est d'usage de re-

cueillir au procureur général, chargé de les faire parvenir à la chancellerie.

La plus grande célérité possible est recommandée dans ces différentes communications.

(Circ. min. du 17 mai 1858.)

244. Lorsque le condamné a subi la peine corporelle dont il demandait la remise, l'exécution de cette peine ne doit pas empêcher l'examen de l'affaire relativement à l'amende dont le payement doit se trouver suspendu.

(Lett. min. du 7 juin 1858.)

245. ART. 1er. « Les propositions de grâce, commutation et réduction de peines en faveur des individus condamnés par les tribunaux ordinaires de l'Algérie et des colonies, nous sont directement présentées par le ministre de l'Algérie et des colonies. »

ART. 2. « Les rapports qui nous sont soumis énoncent l'avis de notre garde des sceaux, ministre de la justice, qui est préalablement consulté dans les formes tracées pour les condamnés militaires, par le décret du 10 juillet 1852. »

ART. 3. « Les propositions relatives aux Européens non militaires et aux indigènes condamnés en Algérie par les juridictions militaires et maritimes, nous sont présentées dans les mêmes formes. »

ART. 4. « Sont abrogés le décret du 21 frimaire an XIV et toutes les dispositions contraires au présent décret. »

(Décret du 15 décembre 1858.)

246. Lorsque l'amende est prescrite, le recours en grâce est inutile ; car il n'est pas possible de gracier une peine qui n'existe plus.

(Circ. min. du 12 février 1859.)

247. Envoi d'un modèle de rapport sur les recours en grâce qui doit être transmis par les procureurs impériaux au procureur général, et recommandation d'exécuter promptement les prescriptions de la circulaire du 17 mai 1858. (Ce modèle se trouve aux *Documents et Notes*.)

(Circ. du proc. gén. de Paris du 26 juin 1859.)

248. En ce qui concerne les délits commis dans les bois de la liste civile, c'est le garde des sceaux qui statue sur le recours en grâce concernant l'emprisonnement ; quant à l'amende, c'est au ministre de la maison de l'Empereur qu'il appartient d'examiner l'opportunité de la remise de cette peine.

(Circ. min. du 26 juillet 1859.)

249. La voie gracieuse n'étant ouverte, à l'égard des amendes pour non-comparution à une convocation de créanciers dans un ordre amiable ou une contribution, que quand tous les moyens légaux ont été épuisés pour parvenir à la réformation de cette peine, ou lorsqu'elle est devenue définitive ; le réclamant doit, au préalable, se pourvoir par voie d'opposition devant le magistrat qui l'a condamné à l'amende dont il sollicite la remise.

(Circ. min. du 2 août 1859.)

250. Le décret d'amnistie du 16 août 1859 ne s'applique pas aux délits et aux crimes communs commis conjointement avec un délit ou un crime politique; si le délit politique entraîne une peine plus forte, le condamné bénéficiera de l'excédant sur le maximum de la peine encourue pour le délit commun.

(Circ. min. du 17 août 1859.)

251. L'amende perdant son caractère pénal par le décès du condamné, devient une simple dette de sa succession envers l'État et ne peut plus être l'objet d'une mesure gracieuse; la demande en remise de cette amende doit être adressée au ministre des finances qui peut seul y donner la suite convenable.

(Lett. min., 17 octobre 1859.)

252. Lorsqu'une demande de remise de condamnations pécuniaires prononcées contre plusieurs individus solidairement, est faite par l'un des condamnés seulement, il importe de savoir et de faire connaître au garde des sceaux, la situation exacte des complices vis-à-vis du trésor.

(Lett. min. du 1er décembre 1859.)

253. La remise de l'amende prononcée pour contravention en matière d'octroi ne peut être faite par voie de grâce, et rentre dans les attributions du ministre des finances.

(Instr. min. du 8 décembre 1859.)

254. La chancellerie ne délivre pas d'expédition

des décisions gracieuses ; l'impétrant doit s'adresser au greffe de la cour à l'effet d'obtenir, à ses frais, un extrait de l'arrêt, sur lequel seront mentionnées les mesures d'indulgence survenues en sa faveur.

(Déc. min. du 7 mai 1860.)

255. L'analogie n'étant point admise en matière pénale, il en résulte qu'à défaut de tout délai indiqué par la loi, l'opposition de celui qui est condamné à l'amende pour non-comparution à une convocation d'ordre amiable, est valable jusqu'à l'exécution effective de l'ordonnance de condamnation. Toutes poursuites doivent donc être suspendues dans le cas où, sur lesdites poursuites, le condamné formerait opposition.

(Circ. min. du 9 août 1862.)

256. L'Empereur fait remise à un notaire d'une amende prononcée pour dépôt tardif d'un contrat de mariage entre commerçants.

(Déc. min. du 27 mars 1863.)

257. Lorsqu'une amende est encourue de plein droit par un notaire, sur procès-verbal d'un vérificateur de l'enregistrement, il appartient au ministre des finances d'en faire la remise par voie de transaction.

(Déc. min. du 27 mars 1863.)

258. L'amende ayant perdu son caractère pénal par suite du décès du condamné, ne peut plus être remise par voie de grâce ; le ministre des finances peut, seul, donner à la requête en remise de l'amende la suite qu'elle comporte.

(Déc. min. du 10 avril 1863.)

259. Déc. min. du 13 mai 1863.

(*Voir* déc. min. du 2 mai 1854.)

260. Les demandes en remise d'amendes prononcées pour délits de pêche, à la requête de l'administration des ponts et chaussées, rentrent dans les attributions du ministre des travaux publics.

(Déc. min. du 22 septembre 1863.)

261. Le chef de l'État ne peut, par l'exercice du droit de grâce, suspendre l'exécution d'un jugement ordonnant, en vertu de l'art. 66 du code pénal, qu'un prévenu âgé de moins du seize ans, acquitté comme ayant agi sans discernement, sera détenu dans une maison de correction, qu'autant que des circonstances survenues depuis le jugement, rendent sa détention inutile, que la conservation de sa vie dépend de sa mise en liberté, ou qu'il s'opère dans la position de fortune de sa famille, un changement qui lui permette de soigner l'éducation du jeune détenu mieux que ne pourrait le faire l'État.

(Rapport du procureur général d'Anvers au ministre de la justice de Belgique, 1863.)

262. Les procureurs impériaux ne doivent pas, même lorsqu'ils sont consultés par les préfets, faire connaître à ces fonctionnaires leur avis sur la suite à donner à un recours en grâce. Les officiers du ministère public ne peuvent faire de semblables communications qu'à leurs supérieurs hiérarchiques.

(Déc. min. du 12 février 1864.)

263. Nécessité d'accélérer le service des grâces. Les directeurs des domaines ne doivent être informés du

recours en grâce que dans les affaires où les condamnés sollicitent eux-mêmes expressément la remise des
peines pécuniaires. Les parquets doivent faire connaître
très-exactement à ces fonctionnaires, alors même qu'ils
n'auraient pas été consultés, la décision intervenue,
favorable ou contraire, provoquée ou non, et les informer de la remise ou de la modération de l'amende,
ainsi que de sa substition à une peine corporelle.
Conformément à la circulaire du 2 août 1859, il ne
doit pas être sursis à l'exécution des peines, tant en ce
qui touche l'emprisonnement que les affiches et insertions, après le délai de quinze jours, courant depuis la
condamnation définitive, à moins que le ministère
public n'ait reçu des ordres exprès de la chancellerie.

(Circ. min. du 15 avril 1864.)

264. Même lorsque le condamné ne demande pas
la remise des peines pécuniaires, les procureurs impériaux doivent, dans leur rapport, indiquer si l'amende
et les frais ont été acquittés. Les officiers du ministère
public ne sont tenus de donner avis du recours en
grâce aux directeurs des domaines que dans les affaires
où le suppliant sollicite la remise des peines pécuniaires; ils doivent alors joindre à leur rapport au
procureur général, la réponse de ce fonctionnaire.

Si le recours en grâce ne porte pas d'une manière
expresse sur la remise de l'amende, il faut, contrairement aux prescriptions de la circulaire ministérielle
du 17 mai 1858, se borner à consulter le receveur de
l'engistrement de l'arrondissement.

(Circ. du proc. gén. de Paris du 6 juin 1864.)

TABLE

DES LOIS, DÉCRETS, ORDONNANCES ET DE LA JURISPRUDENCE

DEPUIS 1791 JUSQU'EN 1865.

I. — Entre les mains de qui repose le droit de grâce.

Nos d'ordre.
1. — Code pénal du 25 septembre 1791.
2. — Loi du 16 thermidor an X.
3. — Charte constitutionnelle du 4 juin 1814.
4. — Acte additionnel du 22 avril 1815.
5. — Charte du 14 août 1830.
6. — Constitution du 4 novembre 1848.
7. — Constitution du 14 janvier 1852.
8. — Sénatus-consulte du 25 décembre 1852.

II. — Personnes qui ont qualité pour former un recours en grâce ou provoquer une mesure gracieuse. Cas et formes dans lesquels les demandes et les propositions peuvent se produire.

10. — Arrêt de cass., 6 floréal an V.
16. — Arrêt de cass., 16 pluviôse an XIII.
45. — Déc. min., 5 juillet 1816.
48. — Déc. min., 16 novembre 1816.
50. — Lett. min., 13 juin 1817.
51. — Cir. du pr. gén. de Paris, 24 juin 1817.
55. — Cir. min., 15 septembre 1817.
59. — Déc. min., 27 janvier 1818.
79. — Circ. min., 15 avril 1820.
81. — Circ. min., 28 juillet 1820.
86. — Circ. du proc. gén. de Paris, 12 décembre 1820.
87. — Déc. min., 9 janvier 1821.
92. — Circ. min., 25 mai 1821.
97. — Circ. min., 2 octobre 1821.
104. — Déc. min., 21 août 1823.
107. — Déc. min., 16 novembre 1824.
119. — Déc. min., 12 juillet 1826.

N^{os} d'ordre.

122. — Arrêt de cass., 23 septembre 1826.

123. — Arrêt de cass., 7 octobre 1826.

128. — Déc. min., 20 février 1828.

132. — Déc. min., 28 octobre 1828.

137. — Déc. min., 25 mai 1830.

145. — Déc. min., 23 novembre 1831.

146. — Déc. min., 7 décembre 1831.

151. — Circ. min., 16 avril 1832.

158. — Déc. min., 30 mai 1835.

162. — Déc. min., 27 août 1836.

163. — Déc. min., 31 octobre 1836.

167.   Déc. min., 22 juillet 1837.

171. — Circ. du proc. gén. de Rennes, 15 février 1838.

172. — Déc. min., 2 novembre 1839.

185. — Arrêt de cass., 1er juillet 1841.

193. — Circ. min., 1er janvier 1844.

211. — Déc. min., 4 juillet 1848.

215. — Déc. min., 28 novembre 1848.

216. — Déc. min., 26 janvier 1849.

227. — Déc. min., 20 décembre 1851.

229. — Décret, 26 mars 1852.

230. — Décret, 26 avril 1852.

III. — Instruction des recours en grâce.

11. — Circ. min., 20 vendémiaire an X.

12. — Circ. min., 10 vendémiaire an XI.

14. — Circ. min., 20 vendémiaire an XI.

17. — Circ. min., 13 messidor an XIII.

56. — Circ. min., 12 novembre 1817.

62. — Circ. min., 14 mars 1818.

63. — Déc. min., 17 avril 1818.

85. — Circ. du proc. gén. de Paris, 16 novembre 1820.

90. — Déc. min., 15 mars 1821.

91. — Lett. min., 21 mars 1821.

97. — Circ. min., 2 octobre 1821.

98. — Déc. min. des finances, 10 octobre 1821.

112. — Circ. du proc. gén. de Rennes, 20 février 1825.

115. — Circ. du proc. gén. de Paris, 29 juin 1825.

117. — Déc. min., 31 octobre 1825.

118. — Lett. du proc. gén. de Paris, 15 décembre 1825.

127. — Circ. min., 25 septembre 1827.

129. — Déc. min., 17 avril 1828.

Nᵒˢ d'ordre.

134. — Circ. min., 5 janvier 1829.
135. — Déc. min., 2 avril 1829.
136. — Déc. min., 28 juillet 1829.
138. — Circ. min., 27 septembre 1830.
139. — Déc. min., 30 novembre 1830.
140. — Circ. min., 16 avril 1831.
141. — Déc. min., 11 juillet 1831.
144. — Déc. min., 29 septembre 1831.
152. — Circ. min., 7 février 1833.
156. — Déc. min., 26 juillet 1834.
160. — Déc. min., 19 avril 1836.
180. — Déc. min., 16 mai 1840.
184. — Lett. min., 10 mars 1841.
188. — Circ. min., 29 novembre 1842.
189. — Déc. min., 17 décembre 1842.
192. — Déc. min., 5 décembre 1843.
198. — Déc. min., 27 février 1846.
200. — Déc. min., 17 octobre 1846.
205. — Circ. min., 11 octobre 1847.
225. — Déc. min., 14 mai 1851.
231. — Déc. min., 2 juin 1852.
234. — Circ. du proc. gén. de Paris, 14 novembre 1853.
236. — Circ. min., 2 mai 1854.
240. — Circ. min., 3 mars 1855.
243. — Circ. min., 17 mai 1858.
245. — Décret, 15 décembre 1858.
248. — Circ. min., 26 juillet 1859.
249. — Circ. min., 2 août 1859.
255. — Circ. min., 9 août 1862.
258. — Déc. min., 10 avril 1863.
259. — Déc. min., 13 mai 1863.
260. — Déc. min., 22 septembre 1863.
262. — Déc. min., 12 février 1864.
263. — Circ. min., 15 avril 1864.
264. — Circ. du proc. gén. de Paris, 6 juin 1864.

**IV. — Décisions souveraines sur les recours en grâce. —
Formalités qui en sont la suite.**

18. — Décret, 21 frimaire an XIV.
24. — Décret, 6 juillet 1810.
29. — Déc. min., 14 septembre 1812.
30. — Déc. min., 1ᵉʳ octobre 1812.

V. — Effets de la grâce à l'égard de la culpabilité, du jugement et de la condamnation.

IX. — Effets de la grâce à l'égard des peines accessoires.

X. — Effets de la grâce à l'égard des peines disciplinaires.

XI. — Grâces générales.

XII. — Grâces à la suite de condamnations militaires.

CHAPITRE VI.

LÉGISLATIONS ÉTRANGÈRES.

Das begnadiguns recht mag von der Philosophie, nicht von dem positiven Rechte bezweifelt werden, weil dasselbe in allen Staaten dem Oberherrn verfassungsmässig zu Kommt.

FENERBACH, *Droit pénal.*

Le droit de grâce peut être contesté par la philosophie, mais non par le droit positif, car, dans tous les États, il appartient constitutionnellement au souverain.

Autriche (1).

ART. « 330. La modération ou la remise entière « d'une peine, dont la loi ne fait pas mention expresse, « n'appartient qu'à l'Empereur.

« Les personnes, voulant implorer la grâce impériale « après avoir commencé à subir la peine prononcée « contre elles, adresseront à cet effet une demande « écrite ou orale au directeur de la prison ou aux dé-« légués chargés d'examiner l'état des établissements « pénitentiers.

---

(1) Nous devons l'indication de ces différents renseignements à la haute bienveillance de Son Excellence M. Hein, ministre de la justice en Autriche, qui, dans une lettre qu'il nous a fait l'honneur de nous adresser, s'exprime sur le droit de grâce de la manière suivante :

« En réponse à votre honorée lettre du 2 décembre 1864 et « dans le but de venir en aide à vos recherches scientifiques, je « m'empresse de vous faire savoir qu'il n'existe en Autriche au-

220 DU DROIT DE GRACE.

« Ces demandes seront envoyées à la cour impériale
« accompagnées d'un certificat de bonne conduite du
« détenu, de la part du directeur. La cour peut, après
« avoir entendu le ministère public, rejeter de suite la
« demande si elle la trouve mal fondée. Si, au contraire,
« elle la trouve digne d'être examinée de près, elle la
« fait parvenir à la cour suprême avec un rapport. Il
« en est de même si la condamnation, de la remise de
« laquelle il s'agit, émane de la cour suprême. Si la
« cour suprême ne juge pas à propos de transmettre la
« demande à l'Empereur, elle la rejette purement et sim-
« plement ; dans le cas contraire, elle la fait parvenir
« accompagnée de son avis au ministère de la
« justice. »

Art. 430. « Si la demande en modération ou en re-
« mise de la peine n'a pas été faite en même temps que
« l'appel, l'exécution du jugement ne sera pas suspendu
« par cette demande, à moins qu'elle n'ait été faite avant
« le commencement d'exécution de la peine et qu'elle
« ne fût basée sur des faits postérieurs à la condamna-
« tion. Dans ce cas, l'exécution sera arrêtée ; si elle
« continuait, elle éluderait entièrement les effets de la
« grâce. »

« cune loi qui limite, en quoi que ce soit, le droit de grâce appar-
« tenant à l'Empereur.

« Par conséquent la législation autrichienne ne présente au-
« cune disposition relative à l'amnistie. Elle s'est, d'une manière
« générale et sans qu'aucune restriction soit apportée au droit de
« faire grâce de l'Empereur, contentée de régler les formes dans
« lesquelles les propositions de grâce doivent être soumises à Sa
« Majesté et d'émettre des dispositions sur les effets de la grâce
« accordée. »

Art. 293. « Si le tribunal a prononcé une condam-
« nation à mort, il doit délibérer, sans retard, sur la
« question de savoir si le condamné est digne d'être
« gracié ou non, et quelle peine, dans le premier cas,
« pourrait être substituée à la peine de mort. Le mi-
« nistère public sera appelé à cette délibération.

« La publication de cette condamnation à mort
« n'aura lieu qu'après la délibération susmentionnée.
« Il sera déclaré expressément que la condamnation
« doit être soumise à l'Empereur ; le condamné a le
« droit, d'ailleurs, d'interjeter appel.

« Le tribunal transmettra, toutes ces formalités
« remplies, son jugement à la cour en joignant au
« dossier la délibération susindiquée et l'appel, s'il y
« en a. Dans le cas où la peine de mort aurait été pro-
« noncée contre plusieurs personnes, le jugement doit
« fixer l'ordre dans lequel elles seront exécutées. »

Art. 308. « Si la cour a prononcé une condamna-
« tion à mort, elle doit transmettre son arrêt à la cour
« suprême, soit qu'elle ait confirmé ou infirmé le juge-
« ment du tribunal.

« La cour, après avoir entendu le ministère public,
« se prononce sur la question de savoir si le condamné
« est digne d'être gracié ou non. »

Art. 310. « La cour suprême procédera de la même
« manière à l'égard de la délibération et de la solu-
« tion des affaires, à laquelle elle est appelée sur appel
« ou d'office, d'après les prescriptions des §§ 303,
« 304 et 309.

« Soit que la cour suprême confirme l'arrêt de mort

« prononcé par la cour impériale, soit qu'elle prononce
« elle-même la peine capitale sur l'appel du ministère
« public, elle enverra son arrêt au ministre de la jus-
« tice pour être soumis par lui à l'Empereur. Elle
« émettra, en même temps, son avis s'il y a lieu d'ac-
« corder la grâce, et, dans ce cas, quelle peine pourra
« être substituée à la peine de mort. (Loi générale sur
« l'instruction criminelle du 29 juillet 1853.) »

ART. 75. « Les dénonciations, ainsi que les de-
« mandes en grâce, ne pourront être rejetées pour ne
« pas avoir été écrites par le demandeur même, ni
« pour une signature non légalisée. »

ART. 88. « Il sera dressé procès-verbal des demandes
« en grâce faites par des prisonniers. Ces procès-verbaux
« seront remis à la cour, accompagnés d'un certificat
« du directeur sur la conduite du prisonnier ainsi que
« du dossier entier de son procès et de celui de ses co-
« accusés. (§ 330 de la loi sur l'inst. min.) Si ce dossier
« ne peut pas être produit, il doit être indiqué au moins
« quelle peine a été prononcée contre eux et s'il y a eu
« remise ou modération de leur peine. (Instruction
« pour les tribunaux de répression du 16 juin 1854.) »

ART. 226. « La remise de la peine par la grâce a les
« mêmes effets que son exécution. (Loi criminelle gé-
« nérale (code pénal) du 27 mai 1852) (1). »

---

(1) M. Levita, avocat de l'ambassade d'Autriche et de celle de
Prusse, a bien voulu nous procurer le texte et la traduction de
ces différentes lois. Nous sommes heureux de lui adresser ici
tous nos remercîments.

Bade (Grand-Duché de).

« Personne ne peut, en matière criminelle, être
« soustrait à la justice régulière. Personne ne peut
« être arrêté autrement qu'avec les formalités légales,
« et passer plus de deux fois vingt-quatre heures en
« prison, sans avoir été entendu sur le motif de
« l'arrestation.

« Le Grand-Duc peut faire remise complète ou par-
« tielle des peines prononcées, mais il ne peut jamais
« les aggraver. » (§ 15 de la *constitution badoise* du
22 août 1818.)

« Les arrêts de mort ont besoin, pour être exécutés,
« de la confirmation du Grand-Duc. »

(Art. 345 du code de procédure criminelle.)

Bavière.

« En matières criminelles, le Roi a le pouvoir d'ac-
« corder la grâce, de mitiger ou de remettre la peine,
« mais dans aucun cas il ne peut arrêter le cours d'un
« procès, ou une instruction commencée. »

(Titre VIII de la constitution du 26 mai 1818, de
l'administration de la justice, § 4.)

1° Il est considérer comme hors de doute aussi bien
par la couronne que par la magistrature, que, d'après
ce qui précède, le Roi n'a pas le droit de défendre à un
juge l'ouverture d'une instruction.

2° Le droit de faire grâce ne s'étend pas qu'à la
peine, mais aussi aux frais de l'instance.

3° La grâce n'a pas d'effet sur les demandes en
dommages intérêts de la partie civile.

Il y avait doute si, et jusqu'à quel point, la couronne avait le droit de réhabilitation ; en conséquence, le 6 juillet 1861, il fut publié une loi dont la copie suit :

Art. 1er. « La réintégration d'un condamné pour « crime ou délit dans les droits civils ou politiques, « qu'il a perdus à la suite d'un jugement dûment rendu, « et dans les formes prescrites par le code pénal, ou « les dispositions contenues dans d'autres lois, peut « être accordée par la clémence royale. »

Art. 2. « A dater du jour de la promulgation du « décret de clémence royale, le condamné rentre dans « tous les droits perdus par la condamnation, en tant « que ce décret ne fixe pas de limites.

« Cependant à cette réintégration n'est pas lié un « droit de revendication pour le recouvrement de « charges, fonctions, dignités et distinctions, et les « priviléges s'y rattachant ou provenant de la posses- « sion antérieure, perdus à la suite d'une condam- « nation, ni pour le recouvrement d'objets confisqués, « destinés à la suppression ou à l'anéantissement d'in- « dustries interdites et autres droits semblables, ni « enfin pour le recouvrement de la noblesse et de ses « priviléges. »

Art. 3. « Une requête au Roi pour la réhabilitation, « qui aura été rejetée, ne pourra être renouvelée que « trois ans après, à dater du jour de la décision du « rejet. »

Art. 4. « La présente loi prend effet dans tout le « royaume, à partir du jour de sa publication dans le « bulletin des lois ; pour le Palatinat, dans la feuille

« officielle ; à partir du même jour les articles 619
« et 634 du code de procédure du Palatinat perdent
« leur effet. »

(Loi du 15 juillet 1861. — Bulletin des lois du
royaume de Bavière, n° 3.)

Belgique.

Art. 64. « Aucun acte du Roi ne peut avoir d'effet
« s'il n'est contre-signé par un ministre qui, par cela
« seul, s'en rend responsable. »

Art. 73. « Il (le Roi) a le droit de remettre ou de
« réduire les peines prononcées par les juges, sauf ce
« qui est statué relativement aux ministres. »

Art. 90. « La chambre des représentants a le droit
« d'accuser les ministres et de les traduire devant la
« cour de cassation, qui seule a le droit de les juger,
« chambres réunies, sauf ce qui sera statué par la
« loi, quant à l'exercice de l'action civile par la partie
« lésée, et aux crimes et délits que les ministres au-
« raient commis dans l'exercice de leurs fonctions. »

Art. 91. « Le Roi ne peut faire grâce au ministre
« condamné par la cour de cassation, que sur la de-
« mande de l'une des deux chambres. »

(Constitution belge du 7 février 1831, obligatoire
le 25 du même mois.)

Brésil.

« L'Empereur exerce le pouvoir modérateur en fai-
« sant remise des peines infligées par les tribunaux et en

15

« modérant ces peines ; en accordant des amnisties
« dans les circonstances graves, et lorsque le conseil-
« lent l'humanité et le bien de l'État. »

(Constitution de l'empire, art. 100, §§ 8 et 9.)

Chine.

L'Empereur a le droit de faire grâce.

Lorsqu'il s'agit de peines corporelles ordinaires,
comme la cangue ou les coups de bambou, la remise
en est faite journellement sans aucune formalité.

Il n'en est pas ainsi à l'égard de la peine de mort.
Le seizième jour de la nouvelle lune, l'Empereur monte
au temple du Ciel, où il reste jusqu'au lendemain
matin. Là, on met sous ses yeux la liste des condamnés à la peine capitale ; il désigne ceux auxquels il lui
plaît de faire merci de la vie.

Les autres sont, selon la sentence du tribunal supérieur, décapités, pendus ou étranglés. Ceux qui ont
été l'objet de la clémence souveraine assistent aux sup
plices, puis sont ramenés en prison. D'ordinaire on
les transporte ensuite en Tartarie.

C'est également le seizième jour de la nouvelle lune
et pendant qu'il est au temple du Ciel, que l'Empereur
offre à la Divinité des sacrifices expiatoires pour la
mort de ses sujets condamnés à la peine capitale pendant l'année précédente.

Danemark.

1° La loi fondamentale du 5 juin 1849 en vigueur

pour le royaume de Danemark proprement dit, porte dans son § 31 :

« Le Roi a le droit de faire grâce et d'accorder des « amnisties ; ce n'est qu'avec le consentement du « *Folkething* (1) qu'il peut faire grâce aux ministres, « des punitions qui leur sont infligées par le *Rigsret* (2). »

2° La loi fondamentale pour les affaires communes du royaume de Danemark et du duché de Slesvig, du 18 novembre 1863, dit dans son § 16 :

« Le Roi a le droit de faire grâce et d'accorder des « amnisties. »

Et dans le § 61 :

« Le *Rigsret* juge tous les procès intentés par le Roi « ou par le *Folkething*, contre les ministres pour leur « gestion des affaires. Le Roi ne peut, sans le consen- « tement du *Folkething*, faire grâce aux ministres des « punitions qui leur sont infligées par le *Rigsret*. »

Empire Ottoman.

« La commutation de la peine de mort en celle de « travaux forcés, de la peine des travaux forcés en « celle de la détention, de la peine de la détention « perpétuelle en celle du bannissement perpétuel, de

---

(1) *Folkething*, deuxième chambre de l'assemblée législative, chambre des communes. (*Folk*, peuple, et *thing*, intraductible ; mais veut à peu près dire : assemblée, chambre.)

(2) *Rigsret* (*Rigè*, royaume, empire, règne, et *ret*, cour), cour composée *ad hoc* pour juger des actes gouvernementaux répréhensibles et dont les ministres sont les auteurs.

« la peine de la détention et de la reclusion tempo-
« raires en celle du bannissement temporaire, est
« exclusivement subordonnée à une ordonnance
« spéciale de Sa Majesté Impériale le Sultan.

« Tant qu'une ordonnance de cette nature ne sera
« pas émanée du souverain, et que le fait ne sera pas
« prévu par le code pénal, aucune grâce, aucune com-
« mutation, ni aucune circonstance atténuante ne
« pourront être accordées. »

(Code pénal ottoman, art. 47.)

Espagne.

« Il appartient au souverain de faire grâce aux con-
« damnés en se conformant aux lois. »

(Art. 45, § 3 de la constitution de la monarchie
promulguée en 1845.)

« Les demandes en grâce sont du ressort du minis-
« tère de grâces et de justice. »

(Décret royal du 16 avril 1836.)

Lorsque le condamné qui forme une supplique n'est
pas incarcéré, la demande doit être envoyée à la Reine
par l'intermédiaire du tribunal ou de la cour qui a
prononcé la sentence.

Si, au contraire, il est en prison, la supplique est
adressée à Sa Majesté par l'intermédiaire du directeur
de l'établissement qui la fait parvenir au ministre de
l'intérieur, lequel la communique au ministre de
grâces et de justice.

Ce dernier demande à la cour, qui a prononcé

l'arrêt, un rapport sur l'affaire et son avis sur la suite à donner à la requête. Dans le cas d'assassinat, outre le rapport dont nous venons de parler, il faut le pardon des parents de la victime qui peuvent poursuivre le coupable et associer leur action particulière à celle du ministère public. Quand il y a une partie lésée, la règle générale est, d'ailleurs, que le suppliant doit, avant tout, solliciter d'elle son pardon, lequel est accordé gratuitement et sous forme d'acte public conformément à la loi première, tit. 42, liv. 12 du nouveau recueil du code.

Le 22 juin 1864 a été rendue une loi concernant les peines à infliger aux fonctionnaires ayant commis des abus de pouvoir à l'occasion des élections.

L'article 14 de cette loi s'exprime ainsi : « Ceux qui « se seront rendus coupables de délits prévus par la « présente loi pourront être graciés, mais seulement « lorsque le conseil d'État aura été entendu sur l'op- « portunité d'une mesure de bienveillance souveraine. »

Ainsi les délits visés par la loi de 1864 ne peuvent être compris dans une amnistie accordée suivant la forme ordinaire pour d'autres délits.

États Romains.

« Est réservé au Souverain seulement le droit d'accorder grâce, commutation ou diminution de peine. »

(§ 739, titre XV. De la grâce des condamnés. Extrait du règlement de procédure criminelle promulgué le 15 novembre 1851.)

La peine finit

« En quatrième lieu par la grâce du Souverain. »
(§ 36.)

« Le rescrit de grâce n'enlève pas les effets de la
« récidive et laisse l'action pour la réparation du
« dommage. » (§ 49.)

(Règlement sur les délits et sur les peines du 20 septembre 1832, titre VIII. De l'extinction des délits et
des peines.)

États-Unis d'Amérique.

« Le Président a le pouvoir d'accorder diminution
« de peine ou pardon pour délits envers les États-
« Unis, excepté en cas de condamnation par le sénat,
« sur mise en accusation par la chambre des repré-
« sentants. Ce pouvoir s'étend sur tous les crimes
« commis dans les forts ou dans l'armée en général,
« sur les crimes de mer, tels que piraterie, traite de
« nègres, etc., ainsi que dans le district de Colom-
« bia, territoire fédéral. » (Article 2, section 2, § 1er
de la constitution.)

Ainsi, pour toutes les condamnations encourues à
l'occasion de crimes fédéraux, le droit de grâce appartient d'ordinaire souverainement au Président de la
République.

Le droit de grâce donné au Président élève sa simple
volonté au-dessus de toute action législative et judiciaire, et de toute responsabilité autre que celle que
lui impose la conscience de son devoir. Toutefois,
l'exercice de cette faculté ne s'étend qu'à des crimes
ou délits commis en contravention à la législation

fédérale, c'est-à-dire à la constitution elle-même, et aux actes et statuts passés par le congrès et approuvés par le Président. Mais si le droit de grâce s'arrêtait à l'action fédérale, il est évident que la sphère en serait réduite à de faibles proportions, puisque, dans l'organisation politique du pays, chaque État, en prenant sa place au sein de la confédération, n'a concédé à cette dernière que de certains pouvoirs énoncés dans la constitution, se réservant le droit de se gouverner selon sa propre loi organique.

Aussi devons-nous remarquer que la législation particulière de chacun des États, donne au gouverneur le droit de faire grâce, mais limité dans son exercice aux condamnations prononcées par les tribunaux de la localité, pour tous les crimes ne rentrant pas dans les termes de l'article 2, section 2, § 1er de la constitution des États-Unis. Ainsi restreint, le droit de grâce exercé par les dépositaires du pouvoir exécutif de chaque État, est indépendant de l'autorité fédérale, de même que celui qu'accorde au Président des États-Unis le texte de leur constitution, est indépendant des différentes autorités locales, quoique sa sphère embrasse toute l'étendue du territoire de la confédération.

En ce qui touche l'exercice du droit de grâce des gouverneurs, il est réglé par la constitution de chaque État. Les révisions fréquentes auxquelles sont soumises ces différentes constitutions, surtout depuis quelques années, ne permettraient que très-difficilement de spécifier exactement l'exercice de cette prérogative dans chaque district. Nous pouvons toutefois dire d'une manière certaine que les gouverneurs des États de New-York, de Massachusetts et de la Virginie sont en pleine possession de ce droit. Dans l'État du Connecticut, la législature s'est attribué le droit de commutation dans le cas de peine capitale, mais le gouverneur peut refuser sa signature pendant une année, et suspendre, au moins pendant ce délai, l'exécution de la sentence (1).

Grande-Bretagne.

En Angleterre, où il n'existe pas de constitution comme en France, l'exercice du droit du grâce ne semble soumis à aucune règle précise ; la jurisprudence qui peut exister à cet égard a été formée par différents actes du parlement, lesquels actes sont d'ailleurs disséminés, et ne forment pas un corps de lois. On peut dire, toutefois, que si le droit de grâce est devenu maintenant l'attribut exclusif du souverain, il n'en a pas toujours été ainsi, et que pendant longtemps, la couronne a joui seulement d'une manière limitée de cette prérogative ; ainsi sous Édouard III et Richard II, l'exercice du droit de grâce ne pouvait avoir lieu qu'en cas de félonie. Quant aux pardons accordés par le prince sans la participation du parlement, pour homicide, ils étaient déclarés sans valeur, à moins

---

(1) *L'Agence centrale des échanges internationaux* a réuni en un seul volume, publié en 1851, toutes les constitutions des différents États de l'Amérique. On trouvera dans ce recueil de précieux renseignements sur le sujet qui nous occupe.

que le meurtre n'eût été commis en cas de propre
défense ou par accident.

Ce n'est qu'à partir du règne d'Édouard VI, en 1547,
que le droit de grâce paraît reposer, sans restriction
aucune, dans les mains du souverain.

On trouve dans la *Constitution d'Angleterre* de Delolme, ouvrage des plus estimés, les principes suivants
sur la matière :

CHAPITRE IV.

DU POUVOIR EXÉCUTIF. — LIVRE Iᵉʳ.

« La première prérogative du Roi, en sa qualité de
« magistrat supérieur, a pour objet l'administration
« de la justice :

« 1° Il est la source de tout pouvoir judiciaire, il est
« le chef de tous les tribunaux ; les juges y sont re-
« gardés comme étant ses substituts ; tout s'y passe en
« son nom, les sentences doivent être munies de son
« sceau et sont exécutées par ses officiers.

« 2° Par une fiction de la loi, il est regardé comme
« le propriétaire universel du royaume, il est censé
« intéressé directement dans tous les délits, et c'est
« conséquemment en son nom que la punition s'en
« poursuit devant les tribunaux.

« 3° Il a le droit de faire grâce, c'est-à-dire de re-
« mettre la peine qui a été prononcée à son instance. »

CHAPITRE VI.

« Le Roi a le pouvoir de faire grâce, mais il ne peut
« exempter de la réparation particulière d'une offense ;

« bien plus, la loi a voulu que dans le cas de meurtre,
« la veuve ou les plus proches héritiers eussent le
« droit de poursuivre le meurtrier ; et le pardon du
« Roi, soit qu'il ait précédé le jugement rendu en con-
« séquence de cette poursuite, soit qu'il eût été accordé
« ensuite, est absolument sans effet. »

La poursuite dont s'agit se nomme : « *Appel* » et
elle doit être intentée dans l'an et jour après la perpé-
tration du crime.

L'appel est défini : procès privé ayant pour but la
punition de crimes publics, ou l'action privée d'une
partie demandant réparation de l'injure à elle faite,
et poursuivant en même temps au nom de la couronne, sous le rapport de l'offense faite à la société.

L'ordonnance royale octroyant une grâce est con-
tre-signée par le ministre de l'intérieur (*secretary of
state home department*).

Grèce.

« Le Roi a le droit de faire grâce des peines appli-
« quées par les tribunaux, ainsi que de changer ou
« diminuer ces peines, à l'exception de celles qui sont
« prescrites à l'égard des ministres. Le Roi a aussi le
« droit d'amnistie, mais seulement pour les crimes
« politiques et sous la responsabilité du ministère. »

(Art. 39 de la constitution du 28 novembre 1864.)

Haïti.

« Le Président d'Haïti a le droit de faire grâce et
« de commuer les peines.

« L'exercice de ce droit sera réglé par une loi. »
(La loi, dont il est parlé, a été rendue le 26 septembre 1860.)

« Il peut aussi exercer le droit d'amnistie, pour dé-
« lits politiques seulement. »

(Art. 129 de la constitution du 15 novembre 1846.)

Hanovre.

Art. 9. « Toute justice émane du Roi.

« Elle est rendue conformément à la constitution
« et sous la haute surveillance du Roi, par les tribu-
« naux ordinaires du pays.

« Le Roi ne peut pas empêcher le cours régulier de
« la justice.

« Il peut dans des cas tout exceptionnels, le conseil
« d'État entendu, accorder des *moratium*.

« Le Roi ne peut pas aggraver les condamnations,
« mais il a le droit de remettre par la voie de grâce
« en entier, les peines encourues, de les mitiger et de
« suspendre la procédure judiciaire contre un pré-
« venu, ou de la déclarer éteinte et n'ayant pas
« lieu. »

Art. 94. « Quiconque a été puni du chef d'un crime
« ou mis en accusation pour un tel chef, sans en être
« complétement acquitté, ne peut pas être membre de
« l'assemblée des États (député).

« Toutefois, s'il ne s'agit pas d'un crime emportant
« une peine infamante, le Roi a le droit de réhabi-
« liter et de réintégrer la personne qui, ainsi qu'il

« est dit ci-dessus, a perdu la qualité requise pour être
« député. »

(Constitution du royaume de Hanovre.)

Italie.

« Le Roi peut faire grâce et commuer les peines. »

(Art. 8 de la constitution, promulguée le 4 mai
1848.)

Mexique.

La loi constitutionnelle de l'empire n'ayant pas encore été rendue, il nous est impossible de donner ici
aucun texte concernant le droit de grâce.

Des renseignements que la Légation a bien voulu
nous fournir, il résulte que cette prérogative souveraine appartient à l'Empereur, entre les mains duquel elle repose sans aucune limite ni restriction.

Les chefs des anciens gouvernements qui se sont
succédé au Mexique, Présidents de la république ou
Empereurs, ont toujours eu le droit de faire grâce
aux condamnés.

Pays-Bas.

« Le Roi a le droit de faire grâce, après avoir pris
« l'avis de la haute cour des Pays-Bas. »

(Art. 66 de la constitution du royaume des Pays-
Bas.)

Quant au droit d'accorder des amnisties, la constitution du royaume ne le donne pas.

Perse.

Il n'y a pas en Perse de textes de lois spéciales concernant le droit de grâce. Ce privilége existe entre les mains du chef de l'État par la force des choses, si nous pouvons nous exprimer ainsi, et comme une émanation tellement naturelle du pouvoir suprême, qu'il n'a même pas été jugé utile de le lui conférer par une loi. Le Souverain exerce le droit de grâce dans toute sa plénitude et de la manière la plus absolue.

Portugal.

« La grâce concédée par le Roi à un criminel, con-
« damné par sentence définitive, fait cesser pour l'a-
« venir toute peine, même pécuniaire, si elle n'a pas
« encore été payée ; mais elle ne restitue pas les droits
« politiques dont le condamné a été privé, à moins
« de dispositions expresses ; elle ne préjudicie pas aux
« droits résultant du dommage de la partie lésée, ni
« aux droits légitimement acquis à des tiers. »

« L'acte royal d'amnistie est celui qui, par une dis-
« position générale, efface les faits antérieurs et défend
« de leur appliquer une peine.

« § 1. L'acte d'amnistie éteint toute procédure cri-
« minelle et fait cesser pour l'avenir la peine déjà pro-
« noncée ainsi que ses effets, sauf le droit civil des tiers.

« § 2. Les termes de l'acte d'amnistie ne sauraient
« être étendus à des cas auxquels il ne se réfère pas. »

(Art. 120 et 121 du code pénal portugais du 10 décembre 1852.)

Il n'est pas sans intérêt de rapprocher de cet article aujourd'hui en vigueur, les extraits suivants du rapport du nouveau code pénal portugais, soumis en ce moment à la sanction des cortès, et rédigé par un éminent jurisconsulte, M. l'avocat général Lévy Maria Jordao, secrétaire et rapporteur de la commission de révision.

Nous devons cette précieuse communication à l'obligeance d'un avocat de nos amis, M. Bonneville de Marsangy, dont le père, conseiller à la cour impériale de Paris, a apporté le large tribut de son expérience et de ses lumières à la confection du nouveau code pénalportugais.

CHAPITRE XIII.

CAUSES EXTINCTIVES DES PEINES ET DES CONDAMNATIONS PÉNALES.

§ 1. Grâces.

Enfin, en ce qui touche les causes extinctives des peines, nous devons signaler une importante innovation dans la partie relative à la grâce, laquelle ne pourra être accordée, en règle générale, sans que le condamné ait manifesté son amendement et, au cas de récidive, sans qu'il ait subi les deux tiers de sa peine.

C'est là une condition de moralité qu'on ne trouve dans aucune des législations étrangères et dont l'adoption a été proposée et soutenue par Bonneville avec autant d'autorité que de force (Bonneville, *Traité des institutions*, etc., p. 114 et suiv., p. 3 et suiv., p. 161).

La commission n'a pas hésité à la consigner dans son projet. A défaut de cette condition *sine qua non*, la grâce n'aura aucun effet, et de plus, elle ne pourra, sauf les cas d'insolvabilité absolue, être entérinée, si le condamné n'a pas préalablement réparé le dommage ou fourni caution de cette réparation, et s'il n'a pas rempli les autres indispensables conditions développées par le même jurisconsulte, pour concilier la miséricorde avec la justice.

La grâce des délits n'a pas été assujettie aux conditions exigées pour celle des crimes, mais, en compensation, le § unique de l'art. 164 veut que, dans ce cas, le pouvoir puisse toujours imposer au gracié (solvable) l'obligation de payer certaines sommes à titre d'aumône en faveur de l'établissement de bienfaisance du lieu du délit.

Cette idée existait déjà dans notre ancienne législation comme il appert de l'édit du 7 novembre 1611 qui, pour toutes les grâces expédiées dans la cour souveraine du palais, exige qu'on applique 200,000 réis par année en faveur de l'hôpital Saint-Antoine de Madrid, et de l'édit du 2 octobre 1658 qui santionne les instructions du 2 septembre 1656.

C'est là du reste un point sur lequel les jurisconsultes sont d'accord; et si nous essayons de remonter plus haut, nous pouvons déccouvrir cette idée en pleine vigueur au XVIᵉ siècle, car nous la voyons appliquée par don Juan III, au prince des poëtes portugais lorsque, par la charte royale du 7 février 1553, il fit à Louis de Camoens, grâce d'une condamnation pour une blessure faite à Gonzalo Borges à Lisbonne, en lui imposant 4,000 réaux applicables à des œuvres de piété. On peut consulter ce document dans le remarquable essai biographique de Luis de Camoes dont M. le vicomte de Juromenha a enrichi son édition de Louis de Camoens (Lisbonne 1860, t. I, p. 166 et suiv.).

Ces dispositions n'impliquent, ni dans le système constitutionnel, ni même dans le régime du pouvoir absolu, aucune atteinte au droit de grâce; elles ne sont que des règles raisonnables et justes pour son exercice, règles auxquelles ne peut se soustraire aucun des pouvoirs de la société, parce qu'il n'en est aucun qui soit absolu, parce que le droit ne peut jamais être arbitraire (Romagnesi, *Genesi del diretto penale*, n° 1152). Déjà dans le siècle dernier, un jurisconsulte portugais, écrivant sous l'empire de ce régime, n'hésitait pas à dire : « Nous devons admettre que le prince ne peut, sans raison légitime ,pardonner les peines des délits; et qu'il commettrait une faute grave si dans ce cas, i n'agissait avec une pleine connaissance des personnes, des lieux, du temps, et après s'être enquis de toutes les circonstances qui accusent ou défendent les coupables; ce qui est d'autant plus vrai que les lois catholiques n'ont pas de pouvoir absolu. »

— Nous venons de voir l'exposé des motifs du projet de loi, voici maintenant les articles mêmes de cette loi nouvelle.

SECTION II. — *De l'amnistie, de la grâce royale, de la commutation et réduction de peine, et du pardon de la partie lésée.*

ART. 161. — L'amnistie concédée par le pouvoir modérateur arrête la mise en mouvement et la continuation de l'action criminelle, et fait cesser les peines déjà imposées par la sentence passée en force de chose jugée ou ses effets, sauf les réserves qu'elle aura expressément indiquées.

§ unique. — L'amnistie ne préjudicie pas à l'action civile pour la réparation du dommage; elle n'a aucun effet rétroactif quant aux droits légitimement acquis par des tiers.

ART. 162. — L'amnistie doit être appliquée toujours dans les termes expressément désignés, sans qu'on puisse l'étendre au moyen d'une interprétation quelconque, mais elle enclave cependant, bien qu'elle ne les désigne pas, les infractions accessoires commises uniquement pour préparer ou faciliter l'exécution du méfait principal, à moins que la peine qui y correspond ne soit plus grave que celle expressément amnistiée.

§ unique. — L'interprétation, en cas de doute sur l'application de l'amnistie, appartient exclusivement à l'autorité judiciaire chargée de l'appliquer.

ART. 163. — La grâce accordée par le pouvoir modérateur à un condamné par jugement passé en force de chose jugée, fait cesser toute peine, mais elle n'empêche pas le condamné de réclamer, dans les cas prévus par la loi, la révision de la sentence qui l'a frappé.

§ unique. — La grâce ne préjudicie nullement à l'action civile en responsabilité du dommage, ni aux droits légitimement acquis à des tiers.

ART. 164. — La grâce ne peut être concédée au condamné que s'il réunit les conditions suivantes : 1° s'il a fait preuve d'un sérieux amendement moral; 2° si les renseignements fournis par l'administration de l'établissement pénitentiaire et par le ministère public lui sont favorables; 3° s'il s'est obligé à payer la réparation du dommage et des frais, et s'il a fourni bonne et solvable caution de ce payement; 4° si dans le cas de récidive, il a accompli les deux tiers ou douze années de la peine d'emprisonnement ou de la transportation de première classe.

§ unique. — Ces conditions ne sont pas nécessaires pour les infractions purement politiques ni pour les délits; mais en ce qui touche ces derniers, la grâce, commutation ou réduction de peine pourra, suivant les circonstances, n'être accordée au condamné que sous la condition de payer à un établissement de bienfaisance du lieu du délit, une somme arbitrée par le décret.

ART. 165. — La grâce ne sera pas entérinée et elle sera réputée non avenue, si elle a été octroyée hors des conditions de l'article précédent et si celui auquel elle profite ne justifie pas du payement (eu égard à ses moyens), de la réparation civile et des frais de justice, ou s'il ne peut fournir caution.

ART. 166. — La réduction ou commutation de peine est toujours conditionnelle. Celui à qui elle est concédée qui ne continuera pas à se bien conduire, sera privé de tout ou partie du bénéfice de ladite réduction ou commutation.

ART. 167. — Toutes les grâces, commutations ou réductions de peines accordées par le pouvoir modérateur seront publiées dans l'établissement pénitenciaire auquel appartient le condamné, après leur entérinement par la cour royale.

Prusse.

« Le Roi a le droit de grâce et le droit d'atténuer « les peines. »

(Art. 49 de la constitution Prussienne.)

Russie.

ART. 161. « La grâce ne peut être accordée par un « tribunal ; elle émane exclusivement du pouvoir suprême « prême et autocratique, et de la clémence du Sou- « verain. Elle ne saurait se transformer en loi et n'en « forme qu'une exception dont la force et l'étendue « sont définies par l'Oukase Impérial même qui ac- « corde la grâce remise. »

ART. 162. « Lorsqu'un manifeste général d'amnistie « accorde le pardon de certaines offenses, cette am- « nistie s'étend exclusivement aux faits expressément « désignés par les articles du manifeste. Le manifeste

« d'amnistie ne saurait s'étendre aux cas où il ne s'agit
« pas de peines civiles, mais seulement de pénalités
« ecclésiastiques, à la décharge de la conscience; le
« manifeste n'a aucun effet sur lesdites pénalités. »

ART. 166. « La grâce accordée par un manifeste gé-
« néral ne supprime pas le droit qui appartient à la
« classe de la noblesse d'exclure de son sein tout
« gentilhomme frappé par une condamnation ou dont
« la conduite ouvertement contraire à l'honneur serait
« de notoriété publique. »

(Tome XV du code criminel russe. — 1re partie. —
Édition de 1842.)

Suède et Norwége.

I. Suède.

« Le Roi a le droit de faire grâce dans les procès cri-
« minels, de commuer les peines de mort, et les peines
« infamantes, ainsi que de rendre les biens forfaits au
« profit de la couronne.

« Les demandes de grâce doivent être d'abord sou-
« mises à la cour suprême (*Hogsta-Domstolen*) après
« quoi le Roi prendra sa décision dans le conseil d'État.

« Il dépendra ensuite du criminel d'accepter sa
« grâce ou de subir la peine à laquelle il a été con-
« damné. »

(Art. 25 de la forme constitutive (*Regevings-For-
men.*)

L'art. 102 qui concerne le «*Riks-Rätt*» (tribunal
extraordinaire devant lequel sont responsables les
ministres) dit dans son dernier paragraphe :

« ... Nul ne pourra commuer ses arrêts. Toutefois,
« le droit de faire grâce est réservé au Roi, qui, cepen-
« dant, ne pourra rendre au condamné ses fonctions.»
(Article 25 de la forme de constitution.)

II. Norwége.

« Le Roi a le droit de faire grâce dans le conseil
« d'État, aux condamnés criminels, après que le juge-
« ment du tribunal suprême (*Hôieste Ret*) a été rendu,
« et que son avis a été demandé.

« Le condamné aura le choix d'accepter la grâce
« royale, ou de subir la peine à laquelle il a été con-
« damné.

« Dans les causes dont le *Rigs-Ret* (voyez ci-dessus
« *Riks-Rätt,*) est saisi sur la demande de l'*Odelsthing*(1),
« le Roi peut seulement faire grâce de la peine de
« mort. » (Art. 20 de la loi fondamentale.)

Suisse.

Vingt-cinq législations différentes existent dans la
confédération Helvétique ; on comprend qu'il nous ait
été impossible de recueillir les articles sur la matière, des différentes lois cantonales qui, d'ailleurs,
subissent de fréquentes modifications.

Toutefois, nous pouvons dire qu'il est de principe à
peu près général, en Suisse, que le droit de grâce appartient au grand conseil de chaque canton, c'est-à-

---

(1) *L'Odelsthing* est une partie de la diète norwégienne.

dire au pouvoir législatif qui ne l'exerce ordinairement
que sur le préavis du pouvoir exécutif ou du département de la justice. Indépendamment des gouvernements
cantonaux, il y a encore en Suisse, les autorités légis-
latives fédérales, qui se composent de deux chambres,
formées, l'une de députés nommés par le peuple, et
l'autre de délégués des gouvernements cantonaux,
puis un tribunal fédéral et des assises fédérales, appelés à connaître des crimes et délits commis envers
la confédération.

Pour ces sortes de cas, voici comment s'exerce le
droit de grâce :

« Chaque conseil délibère séparément; toutefois
« lorsqu'il s'agit des élections mentionnées en l'art. 74,
« n° 3, d'exercer le droit de grâce ou de prononcer
« sur un conflit de compétence, les deux conseils se
« réunissent pour délibérer en commun, sous la di-
« rection du président du conseil national, et c'est la
« majorité des membres votants des deux conseils qui
« décide. »

(Art. 80 de la constitution fédérale.)

Wurtemberg.

ART. 96. « Les jugements des tribunaux en matière
« criminelle n'ont pas besoin, pour être exécutoires,
« d'être confirmés par le Roi. »

ART. 97. « Par contre, le souverain a le droit de faire
« grâce; ce droit s'exerce toujours sur le rapport du
« tribunal qui a rendu le jugement, soit en annulant le

« jugement, soit en accordant la rémission entière ou
« partielle ou bien la commutation de la peine pro-
« noncée.

« Le souverain a, de même, le droit d'abolition moyen-
« nant lequel, et sur le rapport du ministre de la jus-
« tice, il peut, soit prévenir et empêcher toute pour-
« suite judiciaire, soit en arrêter le cours, si l'instruction
« était déjà commencée.

« Le souverain prendra soin que le droit de grâce
« ne s'exerce pas au préjudice du respect dû aux lois
« pénales du pays, ni de celui de leur efficacité. »

(Constitution du royaume de Wurtemberg.)

DOCUMENTS

ET

NOTES.

I (pages 2 et 21).

Le droit de grâce a été l'objet de l'attention la plus sérieuse d'un grand nombre de criminalistes. On trouve, dans leurs ouvrages, les solutions des hautes questions morales et politiques qui leur ont été suggérées par l'étude approfondie de cette prérogative souveraine et que le cadre de la présente monographie toute pratique ne permettait que d'effleurer.

Parmi les noms d'auteurs qui ont traité ce sujet, on doit citer les suivants :

Bonneville de Marsangy, Blackstone, Bodin, Brussel, Buma, Candolle, Carnot, Chauveau et Faustin Hélie, Coquille, Crawford, Cujas, Dompierre, Delolme, Duranton, Farinaccius, Fenerbach, Gaus, Jousse, Lebret, Le Graverend, Le Seyllier, Levy Maria Jordao, Lieber, Massabiau, Merlin, Mittermaier, de Molènes, Montesquieu, Morin, Muyard de Vouglans, Obmeyer, Plochmann, Pothier, Proudhon, Puffendorff, Pütter, Rauter, Rousseau de Lacombe, Toullier, Trolley, Vollgraff.

A cette liste il faut joindre les noms des principaux criminalistes opposés à ce que le droit de grâce réside entre les mains du souverain. Ce sont :

Barbeyrac, Bavoux, Beccaria, Bentham, Bourgnon de Laire, Brissot de Warville, Filangieri, Livingston.

II (page 7).

Sous la domination romaine, ce n'était plus au nom du peuple juif, mais au nom de l'empereur que la grâce était accordée. Ainsi, lorsque le peuple fit grâce à Barrabas, on peut dire qu'il le fit par une délégation ou plutôt par une double délégation du prince. La connaissance exacte de l'histoire, à l'époque où nous nous reportons, ne permet pas le doute à cet égard.

En effet, si les Romains avaient laissé aux vaincus un fantôme de roi et si Hérode semblait revêtu de la souveraine puissance, le véritable gouverneur était Ponce-Pilate, *procurator Cæsaris vice præsidis.* Il était d'usage que le peuple fit grâce à un criminel le jour de Pâques. *Per diem autem solemnem consueverat præses populo dimittere unum vinctum quem voluissent.* Aussi, lorsque les Juifs s'écrièrent : *Tolle hunc et dimitte nobis Barrabam* ; ils firent un acte, non de leur propre puissance, mais un acte émanant de la puissance souveraine de l'empereur.

« Les Juifs, dit M. Dupin, quoiqu'on leur eût laissé l'usage de « leurs lois civiles, l'exercice public de leur religion et beaucoup « de choses qui ne tenaient qu'à la police et au régime muni- « cipal ; les Juifs n'avaient pas le droit de vie et de mort, attribut « principal de la souveraineté que les Romains eurent toujours « grand soin de se réserver en négligeant le reste. » (Œuvres de M. le procureur général Dupin, *Procès du Christ.*) On peut donc dire qu'à cette époque, et spécialement dans cette circonstance, ce fut par suite d'une double délégation que les Juifs firent grâce : délégation de César au gouverneur et du gouverneur au peuple.

III (page 9).

Lettres de rémission données par l'Empereur Charles-Quint,
pour le lieutenant du prévost de Toüars.

(Du 9 décembre 1539.)

Charles par la divine Clémence, Empereur des Romains, toujours Auguste, Roy de Germanie, de Castille, etc. A tous ceux qui ces présentes lettres verront, Salut. Sçavoir faisons, *que, en ensuivant le pouvoir à Nous donné par notre très-cher et très-aimé Beaufrère le Roy Très-Chrétien, à notre venuë et entrée en son royaume*

*de délivrer et mettre hors des prisons tous et chacun les prisonniers
qui y sont lors trouvez détenus, selon l'exigence du fait, leur faire
grâce et pardon*, et soit ainsi qu'en passant par la Ville de Poitiers,
ait été trouvé ès prisons de la dite ville un nommé Hilaire
Sorcin, Lieutenant du Prévost des Maréchaux, au Païs de Touar-
sois, âgé de vingt-sept ans ou environ; duquel avons reçû
l'humble supplication et requête : Contenant que, vers la fin du
mois de May dernier passé.....................

Nous humblement requérant, qu'attendu ce que dit est, et
qu'en tous autres cas le dit suppliant est bien famé et renommé,
sans jamais avoir été atteint d'aucun vilain cas, blâme ou repro-
che digne de repréhension ; Nous luy voulions, *suivant notre dit
pouvoir*, sur ce impartir nos grâce, pardon et miséricorde.
Pourquoy, Nous, ces choses considérées, voulant miséricorde
préférer à rigueur de justice au dit Suppliant, inclinant à sa dite
supplication et requête, *en vertu de notre dit pouvoir*, avons quitté
et pardonné, quittons et pardonnons au dit Suppliant les faits et
cas dessus déclarez avec toute peine, amende et offense corporelle, criminelle et civile, en quoy pour occasion des dits cas il
pourroit être encouru envers nôtre dit très-cher et très-aimé
Beau-frère le Roy et sa Justice, en mettant au néant tous Ajour-
nemens, Appeaux, Défauts, Bans, Bannissemens, Déclarations,
Sentences, Arrêts, Procez et Procédures quelconques et généralement tout ce que, pour raison des dits cas, s'en pourroit être
ensuivy, mis et donné contre, et avec ce l'avons remis et resti-
tué, remettons et restituons, par cesdites présentes, à ses bonnes
fame et renommée au Païs et à ses biens non confisquez, *satisfaction faite à partie civilement tant seulement, si faite n'est*, et
sur ce avons imposé silence perpétuel au Procureur Général de
nôtre dit très-cher et très-aimé Beau-frère, présent et à venir et
tous autres. *Si donnons en mandement* par ces nos dites présentes, à nos chers Cousins les Maréchaux de France ou leurs
Lieutenants en Conétablié et Maréchaussée de France à la table
de marbre du Palais et à tous les autres Justiciers et Officiers de
notre dit très cher et très aimé Beau-frère; ou à leurs Lieutenants présens et à venir, ét à chacun d'iceux comme il appartiendra, que de nos présentes grâce, quittance et pardon, et de
tout l'effet et contenu ces dites présentes, ils fassent, souffrent
et laissent le dit Suppliant jouir et user pleinement et paisible-
ment, sans en ce faire pour luy mettre ou donner ne souffrir
être fait, mis ou donné, ores, ne pour le temps à venir en corps
ne en biens aucun arrêt, ennuy, détourbier, ou empêchemens
en quelque manière que ce soit; ainsi son dit corps, ou aucuns

de ses biens meubles et immeubles ou héritages, sont ou étoient pour ce pris, saisis, levez, arrêtez, emprisonnez ou autrement empêchez, mettez les lui ou faites mettre incontinent après et sans délay, à pleine et entière demeure, en bon état, et dû : En témoin de ce, nous avons fait mettre nôtre scel à ces dites présentes. Donné à Poitiers, le neuvième décembre l'an mil cinq cens trente-neuf : Et de nos Règnes, à Sçavoir du Saint-Empire le dix-neuvième, des Espagnes, des deux Sciciles et autres le vingt-quatrième. Ainsi signé sur le reply des dites lettres : Par l'Empereur .et Roy, *Bains.* Et scellé sur double queuë de cire rouge armoyé des armes dudit sieur Empereur.

IV (page 11).

Dans le courant du mois d'avril 1489, tandis que Henri III, laissant Paris livré à la ligue, se réfugiait d'abord à Blois, puis à Tours ; Mayenne, resté à Paris d'où il entretenait la guerre contre le roi, ordonna qu'à l'avenir tous les arrêts du parlement, fussent intitulés : *Les gens tenant le parlement ;* au lieu de *Henri par la grâce de Dieu.....* Seulement les lettres de grâce, qui devaient partir d'une volonté individuelle, portèrent ce titre : *Charles, duc de Mayenne, pair et lieutenant général de l'État et royaume de France.*

V (page 13).

Déclaration du Roi sur les Rémissions (du 22 novembre 1683).

. . . .

Sçavoir faisons, que pour ces causes et autres à ce Nous mouvans, de nôtre propre mouvement, pleine puissance et autorité Royale, Nous avons par ces présentes signées de notre main, dit déclaré et ordonné, disons déclarons et ordonnons, voulons et Nous plaît que les articles 2 et 27 du titre 16 de nôtre ordonnance criminelle du mois d'aoust 1670, soient exécutez selon leur forme et teneur, et ayent lieu seulement pour les chancelleries étant près nos cours et ce faisant, défendons aux Maîtres des requètes et garde-scels des dites chancelleries, de sceller aucune rémission, si ce n'est pour les homicides involontaires, ou pour ceux qui seront commis dans une légitime défense de la vie, et quand l'impétrant aura couru risque de la perdre, sans qu'en autre cas il en puisse être expédié, à peine de nullité; et en conséquence défendons à nos Cours et Juges de procéder à l'entérinement des

Lettres de Rémission expédiées ès-dites Chancelleries pour autres cas que ceux exprimez ci-dessus, quand même l'exposé se trouveroit conforme aux charges. Et quant aux rémissions que nous aurons estimé à propos d'accorder pour d'autres crimes et qu'à cet effet Nous en aurons signé et fait contre-signer les Lettres par un de nos Secrétaires d'État de nos Commandemens, et sceller de nôtre Grand Sceau, voulons et ordonnons que nos Cours et Juges auxquels il écherra d'en faire l'adresse, ayant à procéder à l'entérinement d'icelles, quand l'exposé que l'impétrant Nous aura fait par les dites lettres se trouvera conforme aux charges et informations, et que les circonstances ne seront pas tellement différentes, qu'elles changent la qualité de l'action, et ce suivant ce qui est porté par l'Article 1 du titre 16 de nôtre Ordonnance de 1670, et nonobstant qu'en nos dites lettres le mot d'abolition n'y soit pas employé, ce que Nous ne voulons pouvoir nuire ni préjudicier ausdits impétrants, nonobstant aussi tous usages à ce contraires, sauf à nos dites Cours, après ledit entérinement fait, à Nous faire des remontrances, et à nos autres juges à représenter à nôtre Chancelier, ce qu'ils trouveront à propos sur l'atrocité des crimes, pour y faire pour l'avenir la considération convenable. *Si donnons en mandement*, etc.

VI (page 151).

Nous croyons devoir donner ici la table suivante, empruntée au *Recueil général des anciennes lois françaises*, par MM. Isambert, Decrusy et Taillandier, édité par Belin-Leprieur, juillet 1833. Cette table contient toutes les lettres d'abolition ayant un intérêt historique, depuis 1353 jusqu'en 1670. Ce précis, fait avec le soin le plus scrupuleux, renvoie à l'intérieur de l'ouvrage dont nous l'avons tiré et où l'on trouvera chacune des lettres relatées en entier.

Lettres d'abolition en faveur de Charles de Navarre, pour le meurtre de Charles d'Espagne, connétable de France.

(4 mars 1353.)

En faveur du dauphin.

(1355.)

En faveur de tous les prisonniers détenus au Châtelet de Paris, voleurs, meurtriers, faussaires, ravisseurs, sorciers.

(9 décembre 1357.)

En faveur de la ville de Paris à cause des derniers troubles.

(10 août 1358.)

Lettres d'abolition de tous les crimes et délits commis antérieurement dans la ville de Fleurence (Guyenne).

(1371.)

En faveur d'Arnould de Dampierre et ses complices, coupables d'arrestation et de séquestration arbitraires.

(1370.)

En faveur des habitants du Poitou, Saintonge et Angoumois, qui avaient suivi le parti des Anglais.

(15 décembre 1372.)

En faveur d'un officier des monnaies qui avait malversé, et qui le rendent à sa bonne renommée et à tous ses biens, moyennant 1,000 fr. d'or de composition.

(Décembre 1374.)

En faveur de la comtesse de Flandre et d'Artois, à raison des crimes et délits commis par ses ordres.

(16 mars 1378.)

De tous crimes et délits aux habitants de Tournay, moyennant 12,000 fr. d'or.

(20 juin 1383.)

En faveur du duc de Lorraine, au sujet de meurtres commis par ses gens sur ceux du roi.

(Décembre 1397.)

En faveur du duc de Bourgogne, au sujet de l'assassinat du duc d'Orléans.

(9 mars 1407.)

Pour les troubles excités à Paris depuis la paix d'Auxerre.

(29 août 1413.)

Au profit du duc de Bourgogne.

(9 mars 1408.)

Lettres d'abolition données en grand conseil au duc de Lorraine, à raison d'exécutions militaires faites en Champagne, et autres excès.

(Février 1412.)

En faveur des partisans du duc de Bourgogne.

(Février 1414.)

En faveur de ce duc.

(Août 1415.)

Ordre aux juges séculiers et d'église de remettre en liberté les personnes comprises dans la précédente abolition.

(Novembre 1415.)

Abolition générale pour tous les crimes à cause de la guerre civile.

(20 juillet 1419.)

Lettres d'abolition en faveur des habitants de Paris.

(Février 1435.)

Lettres d'abolition accordées, moyennant finances, aux habitants du Périgord, des délits commis pendant la guerre.

(Mai 1448.)

Nullité des lettres d'abolition obtenues du roi, et ordre de n'y pas obtempérer.

(Avril 1453.)

Lettres d'abolition en faveur de ceux qui n'ont pas révélé à la justice les biens de Jacques Cœur.

(11 mai 1459.)

En faveur du comte d'Armagnac.

(21 octobre 1461.)

Au sujet d'une émeute arrivée dans la ville de Reims.

(Décembre 1461.)

Pour les crimes et délits commis par les habitants du pays de Comminges.

(Mars 1461.)

En faveur des habitants du Languedoc pour des infractions aux lois dont ils s'étaient rendus coupables.

(1er juillet 1463.)

Pour la ville de Perpignan.

(Juillet 1463.)

En faveur du duc de Bourgogne, et extinction de tous les procès commencés et poursuivis de part et d'autre.

(8 octobre 1465.)

Abolition générale en faveur de ceux qui ont porté les armes avec les princes contre le roi (dans la guerre du bien public).

(24 août 1466.)

Lettres d'abolition en faveur du duc d'Alençon.

(20 janvier 1467.)

En faveur de Charles duc de Calabre, comte du Maine.

(Octobre 1475.)

En faveur d'un serviteur du roi qui avait pris parti contre lui dans la guerre du bien public.

(1er mai 1476.)

En faveur des habitants de Bourgogne.

(19 janvier 1476.)

En faveur d'un archevêque qui avait résisté à l'occupation de la Bourgogne par le roi.

(Mars 1479.)

Abolition des arrêts rendus contre le connétable de Bourbon.

(Mai 1530.)

Lettres d'abolition en faveur de l'amiral Chabot.

(Mars 1541.)

En faveur du marquis de Vitry pour le meurtre du maréchal d'Ancre.

(29 avril 1617.)

En faveur des princes et seigneurs qui se sont retirés de la cour.

(Mai 1617.)

. En faveur de ceux qui ont suivi la reine-mère (Marie de Médicis) à sa sortie de Blois.

(2 mai 1619.)

Disposition sur les lettres d'abolition.

(Titre XVI, ordonnance de 1670.)

VII (page 11).

Un soldat des gardes françaises du nom de Lainé avait obtenu du souverain des lettres de rémission, pour homicide en cas de légitime défense; mais le procurer du roi reprit à nouveau l'affaire, et sur ces conclusions, les juges décidèrent que c'était à tort que les lettres de grâce avaient été accordées à Lainé; que le meurtre commis par lui ne pouvait être attribué à un accident, mais avait tous les càractères d'un crime.

Lainé fut donc débouté de ses lettres de grâce et condamné à mort. (Voir dans Jousse la narration curieuse de ce procès.)

Cette procédure, qui peut paraître aujourd'hui extraordinaire, avait été suivie conformément aux dispositions de l'ordonnance criminelle de 1670, qui sont ainsi conçues :

« Les lettres de rémission seront accordées pour les homicides involontaires seulement, ou qui seront commis dans la nécessité d'une légitime défense (art. 2).

« Si les lettres de rémission et pardon sont obtenues pour des cas qui ne soient pas rémissibles, ou si elles ne sont pas conformes aux charges, les impétrants en seront déboutés (art. 27).

« Nos procureurs et la partie civile, s'il y en a, pourront, nonobstant la présentation des lettres de rémission et pardon, informer par addition et faire recoler et confronter les témoins (art. 22). »

Les lettres de rémission s'accordaient, soit en grande chancellerie, soit dans celles établies près les cours. L'art. 27 de l'ordonnance de 1670 concerna, d'abord, les lettres de rémission délivrées dans les deux cas; mais plus tard il fût restreint, par différentes ordonnances royales, au second cas seulement. Lorsque, au contraire, les lettres émanaient de la grande chancellerie, la magistrature n'avait que le droit de représentation au prince.

VIII (page 142).

C'est dans l'ordonnance de 1670 qu'il faut rechercher le résumé des différentes règles, auxquelles était soumis l'exercice du droit de grâce sous la législation antérieure à 1789.

Nous empruntons au *Nouveau commentaire sur l'ordonnance criminelle du mois d'août* 1670, *par M**** (1), *conseiller au présidial d'Orléans, année M.DCC.LXIII*, les pages suivantes qui offrent le plus grand intérêt, puisqu'elles permettent de comparer non-seulement la loi, mais encore la jurisprudence anciennes sur l'exercice du droit de grâce, avec la loi et la jurisprudence actuelles. Quelle que soit la longueur de ce document, nous n'avons pas voulu, à cause de son importance, l'abréger, désirant mettre le lecteur consciencieux à même de voir et d'étudier les coutumes d'autrefois.

En toutes sciences, il ne suffit pas de connaître le présent ; il faut encore ne pas ignorer le passé. L'un s'explique par l'autre ; c'est seulement lorsqu'il a puisé à ces deux sources fécondes, que l'esprit peut se former une opinion véritablement saine et solide des choses qui ont fait l'objet de son étude.

TITRE XVI.

Des Lettres d'abolition, rémission, pardon, pour ester à droit, rappel de bans ou de galères, commutation de peines, réhabilitation et révision de procès.

ARTICLE I.

Enjoignons à nos cours et autres juges, auxquels l'adresse des lettres d'abolition sera faite, *de les entériner incessamment* (1), *si elles sont conformes* (2) *aux charges et informations* (3). Pourront néanmoins nos cours nous faire remontrance, et nos autres juges représenter à nostre chancelier ce qu'ils trouveront à propos *sur l'atrocité du crime* (4).

(1) *De les entériner incessamment.* Il en est de même des lettres de rémission, quand elles ont été obtenues en la grande chancellerie du royaume. (Voyez ci-après note 3.)

_____

(1) Jousse.

(2) *Si elles sont conformes*. C'est-à-dire, si l'accusé n'a exposé aucun fait faux, ou aucune circonstance fausse, ou s'il n'a dissimulé aucune des circonstances qui rendent l'action plus criminelle. Car l'exposition d'un fait faux, ou la réticence d'un fait véritable, rendent les lettres de grâce subreptices ou obreptices. (V. ci-après art. 27.) C'est pourquoi si ces lettres ne sont pas conformes aux charges et informations, les juges peuvent passer outre, suivant l'observation de M. le chancelier sur cet article. Parce qu'en effet le crime qui se poursuit alors, n'est pas celui que le roi a pardonné, mais un autre tout différent dont Sa Majesté n'auroit pas accordé la grace, s'il lui avoit été présenté dans ses véritables circonstances. (V. le procès-verbal de l'ordonnance de 1670. tit. 16. art. 4.)

(3) *Aux charges et informations*. Ajoutez, ou si les circonstances ne sont pas tellement différentes, qu'elles changent la qualité de l'action. (Argument tiré de ce qui est dit dans la déclaration du 22 novembre 1683, à l'égard des lettres de rémission, où ces termes sont employés. V. ci-après art. 27. avec les notes.)

(4) *Sur l'atrocité du crime*. V. *infrà*, art. 4.

ARTICLE II.

Les lettres de rémission (1) seront accordées pour les homicides involontaires seulement, ou qui seront commis dans la nécessité d'une légitime *défense de la vie* (2).

(1) *Les lettres de rémission*. On se sert le plus souvent du terme de *grace*, au lieu de *rémission*; mais ces mots ne sont point synonimes. Le terme de grace est un terme générique, qui comprend toutes les lettres émanées directement de la souveraine puissance, comme sont toutes celles dont il est parlé en l'art. 5 de ce titre.

Les lettres de rémission s'accordent, tant en la grande chancellerie, que dans les chancelleries établies près les cours; mais avec cette différence que la disposition portée ci-après en l'art. 27, n'a lieu qu'à l'égard des lettres de rémission obtenues dans les chancelleries établies près les cours. (Voyez *infrà* art. 27. et les notes.)

(2) *Défense de la vie*. Et quand l'impétrant aura couru risque de la perdre. (Déclaration du 22 novembre 1683.)

Il résulte de ces termes, que s'il s'est écoulé le moindre intervalle de tems entre le tems de l'aggression, et celui où l'on a tué son aggresseur, on n'est plus dans le cas de l'ordonnance; parce qu'alors ce n'est pas repousser une injure, mais venger celle qu'on a précédemment reçue, et que l'action n'est plus faite dans un premier mouvement de colère, qui rend en quelque sorte un offensé excusable, surtout quand il craint pour sa vie, mais une action réfléchie et faite de propos délibéré.

De même on ne doit point entendre cet article du cas, où l'on a tué pour la nécessité d'une légitime défense de son bien, que quelqu'un auroit voulu ravir à un autre avec force et violence, ou pour la défense de l'honneur: il faut alors recourir directement au souverain, et obtenir des lettres du grand sceau ; ce qui résulte des termes de cet article. A plus forte raison on ne doit pas comprendre, sous les mots *défense de la vie*, ceux qui ont tué par chaleur ou par ressentiment de quelque injure reçue, sans avoir couru risque de la vie, dont les lettres de grace ne peuvent être expédiées dans les chancelleries près les cours, mais seulement en la grande chancellerie. (Édit du mois de juin 1678.)

ARTICLE III.

Les lettres de pardon seront scellées pour les cas, esquels il n'échoit peine de mort, et qui néantmoins *ne peuvent estre excusez* (1).

(1) *Ne peuvent être excusés.* Par exemple, si celui qui obtient les lettres de pardon pour raison d'un homicide, n'a pas donné le coup, mais seulement s'étoit trouvé sans dessein prémédité dans la compagnie du principal coupable. (Voyez Lizet en sa Pratique criminelle, tit. 8, aux notes, pag. 71. *verso*, de l'édition de 1609. in-8°.) Il en est de même d'un père qui se seroit trouvé dans une querelle où son fils a tué quelqu'un, sans se mettre en devoir de l'en empêcher : car quoique ce père n'ait point frappé, et n'ait été que spectateur de la querelle, néanmoins il ne peut être excusé de ne s'être pas mis en devoir d'empêcher son fils, et il est obligé d'avoir recours au pardon. Il en est de même aussi du mari à l'égard de sa femme, et d'un maître à l'égard de son domestique. Ces lettres peuvent s'obtenir aux chancelleries des cours de parlement.

ARTICLE IV.

Ne seront données aucunes lettres d'abolition pour les duels, ni pour les assassinats préméditez, tant aux principaux auteurs, qu'à ceux qui les auront assistez, pour quelque occasion ou prétexte qu'ils puissent avoir esté commis, soit pour venger leurs querelles, ou autrement; ni à ceux qui à prix d'argent ou autrement se louent ou s'engagent pour tuer, outrager, excéder, ou recourre des mains de la justice les prisonniers pour crimes; ni à ceux qui les auront loués ou induits pour ce faire, encore qu'il n'y ait eu que la seule machination ou attentat, et que l'effet n'en soit ensuivy : pour crime de rapt commis par violence; ni à ceux qui auront excédé ou outragé aucuns de nos magistrats ou officiers, huissiers et sergens, exerçant, faisant ou exécutant quelque acte de justice. Et si aucunes lettres d'abolition ou rémission estoient expédiées pour les cas ci-dessus, nos cours pourront nous en faire leurs remontrances et nos autres juges représenter à nostre chancelier ce qu'ils estimeront à propos.

ARTICLE V.

Les lettres d'abolition (1), *celles pour ester à droit* (2) après les cinq années de la contumace, *de rappel de ban ou de galères* (3), *commutation de peine, réhabilitation* (4) du condamné en ses biens et bonne renommée, *et de révision de procès* (5), ne pourront estre scellées *qu'en nostre grande chancellerie* (6).

(1) *Les lettres d'abolition.* Cet article ne parle pas des lettres de rémission, et confirme par-là ce qu'on a dit sur l'article 2. (Voyez cet article avec les notes, pag. 257.)

(2) *Celles pour ester à droit.* Les lettres pour ester à droit s'accordent à ceux qui ayant été condamnés par contumace, ne se sont point représentés, ou n'ont point été constitués prisonniers dans les cinq années de l'exécution de la sentence de contumace. (V. *infrà*, tit. 17. art. 28.)

(3) *De rappel de ban ou de galères.* Ce sont celles par lesquelles S. M. décharge de la peine du bannissement, ou de celle des galères, à laquelle un accusé a été condamné, soit à tems ou à perpétuité. (V. les articles 6 et 7 de ce titre.)

(4) *Commutation de peine, réhabilitation.* Voyez l'article 7 de ce même titre.

La réhabilitation d'un condamné en ses biens et commune renommée se fait, lorsqu'il a encouru note d'infamie par un jugement infamant, comme par une condamnation au blâme, ou à quelque peine afflictive, etc.

(5) *Et de révision de procès.* Voyez les art. 8. 9. 10. 11. 18. et 28 du présent titre.

Ces lettres ont lieu à l'égard des personnes condamnées contradictoirement, soit qu'elles soient vivantes ou mortes. A l'égard des personnes condamnées par contumace dont on veut purger la mémoire voir le titre 27.

(6) *Qu'en notre grande chancellerie.* Parce que ces lettres dépendent de la souveraine puissance du roi, et qu'il n'y a que lui seul qui ait droit de les accorder.

ARTICLE VI.

L'arrest *ou le jugement* (1) de condamnation sera attaché sous le contre-scel des lettres de rappel de ban ou de galères, commutation de peine, ou de réhabilitation; à faute de quoy les impétrans ne pourront s'en aider, et défendons aux juges d'y avoir égard.

(1) *Ou le jugement.* C'est-à-dire, jugement en dernier ressort: car quand la peine est prononcée par un jugement dont il peut y avoir appel, il faut commencer à se pourvoir devant le juge supérieur; parce que les lettres, dont il est parlé dans cet article, ne s'accordent qu'après avoir épuisé les voies ordinaires de justice.

ARTICLE VII.

Enjoignons à nos juges, mesme à nos cours, d'entériner les
lettres de rappel de ban ou de galères, commutation de peine, et
de réhabilitation, qui leur seront adressées, *sans examiner* (1) si
elles sont conformes aux charges et informations, sauf à nous
représenter par nos cours ce qu'elles jugeront à propos.

(1) *Sans examiner.* Parce que dans ces sortes de graces, la volonté du prince
n'a rien d'équivoque ni de conditionnel, Sa Majesté ne faisant que remettre
ou adoucir une peine qu'elle suppose avoir été justement prononcée. Ces
lettres peuvent cependant, comme toutes les autres, être débattues d'obreption ou de subreption.

ARTICLE VIII.

Pour obtenir des *lettres de révision de procès* (1), *le condamné* (2) sera tenu d'exposer *le fait avec ses circonstances* (3),
par requeste qui sera rapportée en nostre conseil, et renvoyée,
s'il est jugé *à* propos, aux maistres des requestes de nostre hostel,
pour avoir leur avis, que nous voulons ensuite estre rapporté en
nostre conseil. Et si les lettres sont justes, il sera ordonné par
arrest qu'elles seront expédiées et scellées ; et pour cet effet, elles
seront signées par un secrétaire de nos commandemens.

(1) *Lettres de révision de procès.* Pour pouvoir obtenir ces lettres, il faut
observer ce qui est porté par le nouveau réglement touchant la procédure du
conseil du 28 juin 1738. part. 1. tit. 7.
   Les lettres de révision de procès sont des lettres que le roi accorde pour
examiner et revoir de nouveau le procès criminel d'une personne condamnée
contradictoirement par jugement en dernier ressort, afin de révoquer la condamnation, s'il y a lieu, et de renvoyer le condamné, ou sa mémoire, absous
des cas qui lui étoient imposés, avec restitution et rétablissement dans ses
biens confisqués et dans sa réputation et bonne renommée. Il faut cependant
observer, que ce n'est pas en vertu de ces lettres, que le condamné qui vient
à être justifié, rentre dans ses biens et droits, mais en vertu du jugement qui
le déclare innocent ; et alors la restitution a lieu, non seulement contre le roi,
mais encore contre tous ceux qui ont acquis la confiscation, soit par acquêt,
don, ou autrement.
   Ces lettres s'obtiennent tant contre les arrêts, que contre les jugements
présidiaux et prévôtaux. (V. le nouveau réglement du conseil du 28 juin 1738.
part. 1. tit. 7. art. 1.)
   On peut aussi se pourvoir par requête civile contre les arrêts et jugements
en dernier ressort rendus en matière criminelle, quoique diffinitifs, quand
ils ont été rendus à l'audience, et en général contre tous ceux d'instruction.
   (2) *Le condamné.* Ou sa veuve, enfans ou héritiers : car ces lettres s'obtiennent non seulement pour la révision du procès d'un condamné vivant,

mais encore d'un accusé condamné, pour purger sa mémoire. (V. la note 4. sur l'art. 5. de ce titre.)

Ainsi dans l'affaire du sieur de Langlade et de sa femme, condamnés innocemment par arrêt du 16 février 1688, pour le vol fait au sieur comte de Montgommery, par lequel le sieur de Langlade avoit été condamné aux galères pour neuf ans, et la dame de Langlade à être bannie aussi pour neuf ans du ressort de la prévôté de Paris, le procès fut examiné de nouveau en vertu de lettres de révision, et par arrêt du 17 juin 1693, la mémoire dudit sieur de Langlade, qui étoit mort aux galères, fut déchargée, et la dame de Langlade absoute.

(3) *Le fait avec ses circonstances.* Cette révision a lieu seulement dans le cas d'une condamnation injuste ; comme s'il y a erreur dans la personne, et que l'accusé ait été condamné pour un autre : et en général, pour tous les autres cas et moyens de fait, pour lesquels le condamné peut être justifié.

La seule déclaration d'un condamné au supplice faite avant d'être exécuté, par laquelle il se chargeroit du crime, pour raison de quoi un autre auroit été condamné, pourroit quelquefois suffire pour faire ordonner la révision d'un procès, et pour faire rétablir la mémoire de l'innocent condamné. (Il y a un arrêt du parlement de Provence dans Boniface, tom. 1. part. 1. tit. 7 chap. 17, et un pareil exemple dans l'affaire du sieur de Langlade, dont on vient de parler.)

Mais lorsque l'arrêt ou jugement de condamnation en dernier ressort a seulement été rendu sur une procédure nulle de nullité d'ordonnance, alors on ne peut prendre la voie de révision, et il faut nécessairement se pourvoir en cassation d'arrêt. (V. sur ces demandes en cassation le nouveau réglement du conseil du 28 juin 1738. part. 1. tit. 4, qui établit la procédure qui doit être tenue à ce sujet.)

Les moyens de requête civile dont il est fait mention dans les art. 34 et 35 du tit. 35 de l'ordonnance de 1667, peuvent aussi être proposés comme moyens de cassation, quand on veut se pourvoir en cassation contre des arrêts du conseil. (V. le même réglement du conseil, part. 4. tit. 4. art. 24.)

ARTICLE IX.

L'avis des maistres des requestes de nostre hostel, et l'arrest de nostre conseil, seront attachez sous le contre-scel des lettres de révision, et l'adresse faite à celle de nos cours, *où le procès aura esté jugé* (1).

(1) *Où le procès aura été jugé.* Lorsqu'il y a quelque cause de suspicion contre le tribunal où le procès aura été jugé, ou quelque faute de sa part commise dans l'instruction ou le jugement, on renvoie ou au grand conseil, ou aux requêtes de l'hôtel au souverain, ou en une autre cour supérieure. (V. le procès-verbal de l'ordonnance de 1670. tit. 16. art. 12.)

Il faut aussi observer, que quand le procès a été jugé prévôtalement ou présidialement, et en dernier ressort, les lettres de révision s'adressent ordinairement au grand conseil. (V. le procès-verbal de l'ordonnance de 1670. tit. 16. art. 12.)

ARTICLE X.

Les parties pourront produire devant les juges, auxquels elles seront renvoyées, de nouvelles pièces qui seront attachées à une requeste, de laquelle sera baillé copie à la partie : ensemble des pièces pour y répondre aussi par requeste, dont sera pareillement baillé copie dans le délay qui sera ordonné : passé lequel, et après que le tout aura esté communiqué à nos procureurs, sera procédé aü jugement des lettres sur ce qui se trouvera produit.

ARTICLE XI.

Dans les lettres de rémission, pardon, pour ester à droit, rappel de ban et de galères, commutation de peine, réhabilitation, et révision de procès, obtenues par les gentilshommes, ils seront tenus *d'exprimer nommément leur qualité* (1), à peine de nullité.

(1) *D'exprimer nommément leur qualité.* Parce que les lettres obtenues par les gentilshommes doivent être adressées aux cours. (V. l'art. 12 suivant.)

ARTICLE XII.

Les lettres obtenues *par les gentilshommes* (1), ne pourront être adressées qu'à nos cours, *chacune suivant sa juridiction* (2) *et la qualité de la matière* (3) ; qui pourront néantmoins, si la partie civile le requiert, et qu'elles le jugent à propos, renvoyer l'instruction sur les lieux.

(1) *Par les gentilshommes.* V. tit. 1, art. 10.
(2) *Chacune suivant sa juridiction.* C'est-à-dire, à la cour où ressortit la juridiction, dans le ressort de laquelle le crime a été commis ; ou celle dans laquelle l'information a été faite, si le procès a été suivi dans une autre juridiction ; v. g. du domicile de l'accusé, qui ressortisse en une autre cour, que celle d'où dépend le lieu où le délit a été commis. (V. l'art. 18 de ce titre.)
(3) *Et la qualité de la matière.* Comme si la connaissance en est attribuée à des juridictions particulières, v. g. les homicides commis par les employés dans les fermes du roi dans leurs fonctions, ceux commis par les officiers de maréchaussées et gens de guerre exerçant leurs charges, etc. (V. ci-dessus la not. 3. sur l'art. 1.)

ARTICLE XIII.

L'adresse des lettres obtenues par des personnes de qualité roturière, sera faite *à nos baillifs* (1) et sénéchaux *des lieux où il y a siége présidial* (2); et dans les provinces où il n'y a point de siége présidial, l'adresse se fera aux juges ressortissants nuement en nos cours, et non autres, à peine de nullité des jugemens.

(1) *A nos baillis.* L'usage du parlement de Paris est, que toutes les lettres de rémission, soit de grande ou petite chancellerie, adressées au parlement, à cause de l'appel de la procédure extraordinaire qui y est relevé, y sont entérinées.

Mais quand ces lettres sont adressées à un juge inférieur, le parlement ne peut connoître de leur entérinement sous prétexte de cet appel.

Il faut aussi observer, que les lettres de rappel de ban ou de galères sont entérinées au parlement, lorsque ces peines ont été prononcées par arrêt; mais il faut que les lettres y soient adressées.

Si le juge inférieur a rendu sa sentence diffinitive, lorsque les lettres de rémission lui sont adressés, alors il ne peut plus connoitre de l'entérinement de ces lettres, il en faut faire changer l'adresse, et la mettre au parlement.

(2) *Des lieux où il y a siége présidial.* La déclaration du 27 fevrier 1703, porte : « Que ces lettres seront adressées aux baillis et sénéchaux royaux « ressortissans nuement aux cours, dans le ressort desquels le crime a été « commis, sans que les baillis des lieux où il y a siége présidial, puissent « prétendre que l'adresse leur en soit faite, si ce n'est dans le cas où le crime « aura été commis dans le ressort de leur bailliage et sénéchaussée. Cette dé- « claration ajoute : Que dans les cas néanmoins où le crédit des accusés seroit « à craindre dans le bailliage dans le ressort duquel le crime aura été commis, « les lettres de rémission, et autres de semblable nature, pourront être adres- « sées au bailliage ou à la sénéchaussée la plus prochaine non suspecte, ce « que Sa Majesté n'entend avoir lieu, qu'à l'égard des lettres qui doivent être « scellées en la grande chancellerie du royaume. »

Mais lorsqu'il y a plusieurs siéges particuliers dépendans d'un même bail- liage, les lettres de grace, pour raison des crimes commis dans l'étendue des siéges particuliers, quoique ressortissans nuement au parlement, doivent être adressées au siége principal de ce bailliage où il y a siége présidial. Ainsi à Orléans où le bailliage est composé de six siéges particuliers, outre le siége principal, les lettres de grace, pour raison des crimes commis dans l'étendue de ces siéges particuliers, s'adressent toujours au bailliage d'Orléans, où est le siége principal et le présidial; ce qui résulte des termes mêmes de cet ar- ticle 13. (Ainsi réglé pour Orléans par plusieurs décisions de M. le chance- lier Voisin, et entr'autres par une du 25 juillet 1716, envoyée au lieutenant- criminel d'Orléans.)

La déclaration du mois de décembre 1680, en forme d'édit porte : « Que « l'adresse d'aucunes lettres de rémission ne pourra être faite aux présidiaux « où la compétence aura été jugée, que l'accusé n'ait été ouï lors du juge- « ment de compétence, et qui ne soit actuellement prisonnier ; et qu'à cet « effet, le jugement de compétence et l'écroue seront attachés sous le contre- « scel desdites lettres.

ARTICLE XIV.

Pourront néantmoins les lettres obtenues par les gentilshommes estre adressées *aux présidiaux* (1), si leur compétence y a esté jugée.

: (1) *Aux présidiaux.* Cet article n'a plus lieu aujourd'hui, depuis la déclaration du 5 février 1731, qui porte en l'art. 12 : « Que les présidiaux, ni les « prévôts des maréchaux, ne pourront plus connoître en dernier ressort des « crimes commis par les gentilshommes. »

Cependant si la connoissance d'un crime commis par un gentilhomme avoit été renvoyée à un présidial, il semble que les lettres de grace pourroient y être adressées.

A l'égard des prévôts des maréchaux, les lettres de grace ne doivent jamais leur être adressées, leur ministère étant seulement pour la poursuite des crimes.

ARTICLE XV.

Ne pourront les lettres d'abolition, rémission, pardon, et pour ester à droit, estre présentées par ceux qui les auront obtenues, *s'ils ne sont effectivement prisonniers* (1) et écrouez; et seront les écroues attachez aux lettres, et eux contraints *de demeurer en prison* (2) pendant toute l'instruction, et jusques au jugement diffinitif des lettres. Défendons à tous juges de les élargir à caution ou autrement, à peine de suspension de leurs charges, et de payer par eux les condamnations qui interviendront contre les accusez.

(1) *S'ils ne sont effectivement prisonniers.* Le roi par les lettres de grace dispense quelquefois les impétrans de se représenter pour l'entérinement des lettres; mais les exemples en sont rares.

(2) *De demeurer en prison, etc.* Cela s'observe aussi à l'égard de ceux qui obtiennent leur grace dans des cas de priviléges particuliers; comme aux entrées des rois, à leur sacre, aux entrées des évêques d'Orléans, à Rouen pour la Fierte, etc. car après la présentation de leurs lettres, ils doivent rester en prison jusqu'à ce qu'on ait connu la vérité, et qu'elles aient été entérinées.

ARTICLE XVI.

Les lettres (1) *seront présentées dans trois mois* (2) du jour de l'obtention : passé lequel temps, défendons aux juges *d'y avoir égard* (3). Et ne pourront les impétrans en obtenir de nouvelles, ni estre relevez du laps de temps.

(1) *Les lettres.* C'est-à-dire, toutes les lettres en général, tant celles de

rémission ou pardon, que celles dont il est fait mention en l'art. 5 de ce titre.

(2) *Seront présentées dans trois mois.* Ni la signification des lettres, ni le défaut de cette signification, ne peuvent empêcher l'effet de la disposition de cet article : il faut nécessairement que ces lettres soient présentées dans les trois mois.

Mais elles peuvent être présentées après les trois mois, lorsque l'impétrant a obtenu des lettres de surannation, et qu'il les présente dans les trois mois après les avoir obtenues.

(3) *D'y avoir égard.* Les lettres présentées par un impétrant dans les trois mois, ne tombent point en surannation par rapport aux autres accusés, qui ne les ont pas présentées dans ce tems. (Ainsi jugé par arrêt du 7 mars 1667, rapporté par Boniface, tom. 2. part. 3. liv. 1. tit. 16. chap. 3.)

Il faut aussi observer, que les lettres de grace ne peuvent être présentées en vacations. (Arrêt du 3 juillet 1677, rapporté par Boniface, tom. 3. liv. 1. tit. 5. chap. 22.) Cependant le contraire s'observe au parlement de Paris.

ARTICLE XVII.

L'obtention et *la signification* (1) *des lettres* (2) ne pourront empescher l'exécution des décrets, ni l'instruction, *jugement et exécution* (3) de la contumace, jusques à ce que l'accusé soit actuellement en estat dans les prisons du juge, auquel l'adresse en aura esté faite.

(1) *Et la signification.* Dans les cas où les lettres doivent être signifiées, comme en l'art. 19, ci-après.

(2) *Des lettres.* C'est-à-dire, des lettres dont il est fait mention en l'art. 15 de ce titre.

(3) *Jugement et exécution.* Parce qu'en fait de contumace, la contumace ne cesse et n'est anéantie que lorsque l'accusé s'est représenté, et est actuellement prisonnier. (Titre 25. art. 4.)

ARTICLE XVIII.

Les charges et informations, et toutes les autres pièces du procès, mesme les procédures faites depuis l'obtention des lettres, seront incessamment ___ aux greffes des juges, *auxquels l'adresse en sera faite* ___ ue nous voulons avoir lieu à l'égard des lettres de révision.

(1) *Auxquels l'adresse en sera faite.* Comme il arrive dans le cas où le procès a été instruit dans une autre juridiction que celle où les lettres sont adressées. Le juge auquel cette adresse est faite, doit se faire rapporter les informations faites en la juridiction qui a instruit le procès, et observer ce qui est porté ci-après en l'art. 25. sur la fin. (V. l'édit de Cremieu, art. 11.)

ARTICLE XIX.

Les lettres seront *signifiées à la partie civile* (1), et copie baillée *avec assignation* (2) en vertu de l'ordonnance du juge, pour fournir *ses moyens d'opposition* (3), et procéder à l'entérinement. Et seront les formes et délais prescrits par nostre ordonnance du mois d'avril 1667 observez, si ce n'est que la partie civile consente de procéder avant l'échéance des délais, par acte signé et duement signifié.

(1) *Signifiées à la partie cirile.* S'il y en a une, comme il est dit en l'art. 22 de ce titre: car on peut obtenir sa grace, tant qu'il ne paroît point de partie civile; mais l'entérinement qui se fait de cette grace, ne peut préjudicier à cette partie, ni l'empêcher dans la suite d'exercer ses droits pour raison de l'intérêt civil.

(2) *Avec assignation.* Cette assignation doit être donnée dans les délais de l'ordonnance, suivant la distance des lieux: elle doit aussi être donnée à domicile. Si cependant il y avoit instance entre les parties avant l'obtention de ces lettres, il suffiroit de donner cette assignation au procureur de la partie civile, dans le cas où les lettres seroient adressées au juge saisi du procès.

(3) *Ses moyens d'opposition.* Comme dans le cas où ces lettres seroient subreptices ou obreptices. Les lettres sont *subreptices,* lorsque l'impétrant y a avancé des faits contraires à la vérité; et *obreptices,* lorsqu'il a celé ou dissimulé un fait qui auroit rendu l'obtention de ces lettres plus difficile: comme si l'impétrant avoit caché sa qualité de gentilhomme, pour faire adresser ces lettres à un autre juge que celui qui doit en connoitre, pour en rendre l'entérinement plus facile.

ARTICLE XX.

Ne pourra estre procédé au jugement des lettres, qu'elles n'ayent esté, ensemble le procès, communiquées *à nos procureurs* (1).

(1) *A nos procureurs.* Quand même ces lettres auroient été accordées par le roi *de plenitudine potestatis,* comme quand il s'agit de lettres d'abolition.

ARTICLE XXI.

Les demandeurs en lettres d'abolition, rémission et pardon, seront tenus *de les présenter* (1) à l'audience *teste nue et à genoux* (2), et affirmeront, après qu'elles auront été leues en leur présence, qu'elles contiennent vérité, qu'ils ont donné charge de les obtenir, et qu'ils s'en veulent servir; après quoy seront *renvoyez en prison* (3).

(1) *De les présenter.* Cette présentation doit être faite par un avocat, et non par un procureur. (Arrêt du 27 septembre 1670, rapporté par Boniface, tom. 5. liv. 5. tit. 1. chap. 2, qui a rejeté une pareille présentation, et a fait défenses aux procureurs d'en faire.) On observe le contraire au parlement de Paris.

(2) *Tête nue et à genoux.* De quelque qualité et condition qu'ils soient.

(3) *Renvoyés en prison.* Jusqu'à l'entérinement des lettres.

Quand un furieux ou un insensé veut obtenir des lettres de grace pour un homicide par lui commis, elles doivent être demandées par son curateur; les parens avec le curateur en demandent ensuite l'entérinement: le curateur doit les présenter à l'audience à côté de son avocat; le juge doit prendre le sèrment du curateur, lui demander s'il veut s'en aider pour celui dont il est curateur; et l'avocat de l'impétrant, c'est-à-dire du curateur et de la famille, conclure à ce qu'il soit permis d'informer des faits de démence articulés par les lettres. Si l'information qui est déjà faite n'est suffisante, ou s'il n'y en a aucune, le juge doit donner acte du tout, etc., et en entérinant les lettres, il doit ordonner, que le furieux ou insensé sera gardé en lieu sûr par ses parens, duquel ils donneront avis au procureur du roi, et qu'ils demeureront responsables de cet insensé; il est aussi à propos d'interroger l'accusé. Cette procédure a été tenue au bailliage criminel d'Orléans au mois d'octobre 1678, à l'égard du sieur Jean Mariette, qui avoit tué dans la prison le nommé François Cahouet; et elle a été confirmé par arrêt de la cour du 29 décembre 1678, sur l'appel interjetté par la veuve dudit Cahouet.

ARTICLE XXII.

Nos procureurs, et la partie civile, s'il y en a, pourront non-obstant la présentation des lettres *de rémission et pardon* (1) informer par addition, et faire *récoler et confronter les témoins* (2).

(1) *De rémission et pardon.* Mais non dans le cas des lettres d'abolition, cet article ne parlant que des lettres de rémission et pardon.

(2) *Récoler et confronter les témoins.* Ce qui doit être fait, à l'égard de la partie civile, peu de tems après la présentation des lettres, et non quand l'instruction est achevée, et que le procès est en état d'être jugé, afin de ne pas favoriser les chicanes ni la malice d'une partie qui voudroit retarder le jugement. (Voyez l'arrêt du 19 janvier 1678, au Journal du Palais, de l'édition *in-fol.* tom. 1. pag. 134.)

Lorsque les lettres de grace sont conformes aux charges et informations, il n'est pas nécessaire de récoler et confronter les témoins; mais lorsque les juges après avoir examiné le procès, ne trouvent pas que les lettres soient conformes aux charges et informations ils ordonnent avant de faire droit, que les témoins seront récolés et confrontés.

ARTICLE XXIII.

Défendons aux lieutenans-criminels, et à tous autres juges, aux greffiers et huissiers, de prendre ni recevoir aucune chose, encore qu'elle leur fust volontairement offerte, pour l'attache, lecture ou publication des lettres, ou pour conduire et faire entrer l'impétrant à l'audience, et sous *quelque autre prétexte que ce soit* (1) à peine de concussion et de restitution du quadruple.

(1) *Quelque autre prétexte que ce soit.* Ce qui ne comprend pas la sentence d'entérinement.

ARTICLE XXIV.

Le demandeur en lettres sera interrogé dans la prison par le rapporteur du procès, sur les faits résultans *des charges et informations* (1).

(1) *Des charges et informations.* Pour voir si les réponses de l'impétrant sont conformes aux charges et informations.

ARTICLE XXV.

Défendons à tous juges, mesme à nos cours, de procéder à l'entérinement des lettres, que toutes les informations et charges n'ayent esté apportées et communiquées à nos procureurs, *veues et examinées par les juges* (1) : nonobstant toutes sommations qui pourroient avoir esté faites aux greffiers de les apporter, et les diligences dont les demandeurs en lettres pourroient faire apparoir ; sauf à décerner des exécutoires, et ordonner d'autres peines contre les greffiers qui sont en demeure.

(1) *Vues et examinées par les juges.* Afin de faire leurs représentations, s'il y a lieu, contre les lettres. (V. ci-après art. 27. not. 3.)

Il faut être au moins trois juges pour prononcer sur l'entérinement de ces léttres. (Arrêt du conseil du 30 mars 1719, servant de réglement pour les officiers du présidial de Brives, art. 3.)

ARTICLE XXVI.

Les impétrans seront interrogez dans la chambre, sur la sellette avant le jugement, et l'interrogatoire rédigé par écrit par le greffier, *et envoyé avec le procès* (1) en nos cours en cas d'appel (2).

(1) *Et envoyé avec le procès.* A l'égard de l'accusé, il n'est pas nécessaire qu'il soit transféré sur l'appel, quand il n'y a point d'appel de la partie publique, ou que l'accusé n'est point condamné en quelqu'une des peines marquées par l'art. 6 du tit. 26.

(2) *En cas d'appel.* Soit de la part du procureur du roi, ou de la partie civile, ou de l'accusé, dans le cas où il seroit débouté de l'entérinement des lettres par lui présentées.

S'il y a appel de la part de la partie publique, l'accusé n'est point élargi par provision, et il faut suivre ce qui est porté en l'art. 24 du tit. 10, et si l'accusé est condamné et qu'il n'y ait point d'appel de la part de la partie publique, mais seulement par l'accusé, ou que l'exécution de la sentence soit suspendue de droit, alors il faudra suivre ce qui est porté dans les articles 6 et 11 du tit. 26.

Dans le cas où un accusé auroit obtenu des lettres de rémission, s'il se trouve des nullités dans la procédure, il faut recommencer les informations, et quand elles sont refaites, interroger de nouveau le demandeur en lettres. Mais ces lettres doivent toujours subsister, quoiqu'elles soient antérieures à la nouvelle procédure qui a été refaite. (Ainsi jugé par arrêt du 31 mars 1711.)

Cependant il arrive quelquefois que, quoiqu'il se trouve des nullités dans l'instruction, les juges passent outre à l'entérinement des lettres en faveur de l'accusé, lorsque les charges se trouvent d'ailleurs conformes à l'exposé de ces lettres. (Arrêts des 18 février et 18 mars 1715, par lesquels la cour en procédant à l'entérinement de lettres de grace, s'est contentée de faire des injonctions au juge qui avoit instruit.)

ARTICLE XXVII.

Si les lettres de rémission et pardon sont obtenues *pour des cas qui ne soient pas rémissibles* (1) *ou si elles ne sont pas conformes aux charges* (2), les impétrans *en seront déboutez* (3).

(1) *Pour des cas qui ne soient pas rémissibles.* C'est-à-dire, pour homicides qui ne soient pas involontaires, ou qui ne soient pas dans le cas de la nécessité d'une juste défense de la vie.

(2) *Ou si elles ne sont pas conformes aux charges.* C'est-à-dire, si les circonstances sont tellement différentes, qu'elles changent la qualité de l'action ; (Déclaration du 22 novembre 1673.) parce qu'alors ce n'est plus le même crime que le prince a pardonné, et pour raison duquel les lettres ont été obtenues.

(3) *En seront déboutés.* V. la note 1 sur l'art. 2 ci-dessus.

La déclaration du 10 août 1686, interprétant celle du 22 novembre 1683, ordonne que dans les rémissions scellées du grand sceau, si les circonstances résultant des charges et informations se trouvent différentes de celles portées par l'exposé des lettres, en sorte qu'elles changent la qualité de l'action et la nature du crime; en ce cas les cours et juges auxquels l'adresse en aura été faite ayent à surseoir le jugement et l'entérinement, jusqu'à ce qu'ils ayent reçu de nouveaux ordres.du roi, sur les informations qui seront envoyées à M. le chancelier par les procureurs-généraux ou leurs substituts, avec les lettres accordées, pendant lequel tems il est défendu de faire aucunes procédures, ni d'élargir les impétrans. (Les déclarations des 11 août 1709 et 10 avril 1727 confirment les mêmes dispositions, et ordonnent l'exécution de la déclaration précédente. Voyez le recueil de réglemens, tom. 1. pag. 607; tom. 2. pag. 438; et tom. 3. pag. 329.) .

Quand les lettres sont entérinées, le rémissionnaire rentre dans tous ses biens et droits; mais on a coutume par le jugement de le condamner en une aumône, qui doit être appliquée uniquement au pain des prisonniers, suivant la déclaration du 21 janvier 1685, rapportée aussi au recueil, tom. 1. pag. 567. On le condamne aussi quelquefois en une certaine somme, pour faire prier Dieu pour l'âme de celui qui a été tué; mais on ne peut en ce cas condamner en l'amende. (Même déclaration du 21 janvier 1685.)

Quelquefois néanmoins en entérinant des lettres de grace, on condamne l'impétrant en une amende envers les seigneurs, lorsque le procès a été in--struit en leurs justices, et cela pour les indemniser des frais qu'il leur en a coûté. Il y en a plusieurs arrêts, et entr'autres un du 11 janvier 1691 rendu au profit du seigneur de la justice de Beauvois sur Mer. Autre du 24 mai 1706 au profit du seigneur de la justice de Mussi-l'Évêque. Autre du 23 juin 1712 au profit de la dame de Blérancourt. Ces sortes d'amendes ne sont point infamantes.

Il faut aussi observer que les cours, en entérinant les lettres de rémission, peuvent infliger quelque peine légère aux accusés, comme de s'abstenir de certains lieux. Il y en a plusieurs arrêts, et entr'autres un du 3 septembre 1674; un du 21 juin 1678; un du 15 décembre de la même année 1678, et un du 25 mars 1709. Un autre arrêt du 2 décembre 1682 a condamné au blâme le nommé Laurent Thurot, en entérinant ses lettres de rémission.

ARTICLE XXVIII.

Les impétrans des lettres de révision qui succomberont, *seront condamnez en trois cens livres d'amende* (1) envers nous, et cent cinquante livres envers la partie.

(1) *Seront condamnés en trois cents livres d'amende.* Il n'est pas nécessaire de consigner cette amende, ainsi qu'on le fait dans les cas où l'on se pourvoit par requête civile. (V. l'ordonnance de 1667, tit. 35. art. 16.)

IX (page 125).

Il n'est pas sans intérêt de connaître la nomenclature des anciennes peines appliquées avant 1789. Que nous sommes loin aujourd'hui de la cruauté de certains de ces châtiments, et combien nous devons nous estimer heureux de vivre sous une législation, qui comprend que la peine ne doit pas être une torture, mais une nécessité sociale à laquelle il faut sacrifier, tout en cherchant à la tempérer selon les lois imprescriptibles de l'humanité !

Genres de peines en usage dans les premiers temps de la Monarchie.— Enterré vif, écorché vif, bouilli dans de l'eau chaude, coupé en quatre quartiers, noyé, essorillé (oreilles coupées), yeux crevés, castration, échellé (attaché à une sorte de pilori), nez coupé, perte d'une ou de plusieurs dents, cheveux coupés, mitré (espèce de bonnet que l'on mettait sur la tête du coupable pour le désigner à l'attention de la foule), exécution singulière en tableau (on faisait dans ce but fabriquer une effigie du coupable), prise de l'habit monachal.

Peines appliquées jusqu'en 1789. — Brûlé vif, roué vif, écartelé ou tiré à quatre chevaux, pendu, décapité, passé par les armes, traîné sur la claie, galères à perpétuité et à temps, reclusion à perpétuité et à temps dans une maison de force, bannissement à perpétuité et à temps, lèvre coupée ou fendue, poing coupé ou brûlé, jarret ou oreilles coupés, langue fendue ou coupée, fouet, fouet sous la custode (en prison), marque avec un fer chaud, pilori, carcan, pendu sous les aiselles, assister à la potence, promené par les rues sur un âne avec un chapeau de paille (contre les proxénètes), confiscation de corps et biens, être authentiquée (pour les femmes, c'est-à-dire être renfermée dans un monastère et rasée), amende, œuvres serviles, dégradation de noblesse, privation d'office, privation de privilége, privation de bénéfice, interdiction d'officiers, suspension de leurs fonctions, abstention de certains lieux, aumône, condamné à brûler un cierge devant un autel, saisi du temporel des ecclésiastiques, peine du talion, blâme, admonition, libelles et écrits lacérés, brûlés ou supprimés par la main de l'exécuteur de la haute justice, condamnation à vider les lieux sinon à avoir ses meubles jetés sur le carreau, mort civile, confiscation, infamie, réparation honorable, condamnation à des intérêts civils, défense d'injurier ou de récidiver, etc.

X (page 45).

GRACES PARTICULIÈRES.

Modèle des rapports que les procureurs impériaux du ressort de Paris doivent adresser au procureur général.

Monsieur le Procureur Général,

J'ai l'honneur de vous transmettre, avec le recours en grâce du nommé. . . . . les renseignements que vous avez bien voulu me demander par votre dépêche du. . . . .

(Nom, prénoms, date et lieu de naissance, domicile, profession et situation de famille du condamné.)

(Exposé du Fait.)

Traduit, à raison de ce fait, devant le tribunal de police correctionnelle, N. a été condamné le. . . . . à . . . . d'emprisonnement . . . . d'amende, et . . . . de dommages-intérêts. par application des articles. . . . .

Le jugement est devenu définitif. L'amende et les frais du procès ont été payés (ou n'ont point été payés), ainsi que le constate la lettre ci-jointe de M. le directeur des Domaines. (S'il y a eu condamnation à l'amende.)

(Indiquer si le payement de l'amende ou des frais n'a pas eu lieu à raison de l'indigence du condamné.)

(S'il y avait partie civile en cause, s'assurer si elle a été désintéressée.)

N. détenu préventivement depuis le. . . . . a commencé à subir sa peine le. . . . . dans la maison de. . . . .

(Ou N. n'a pas encore commencé à subir sa peine.)

(Renseignements sur la conduite du détenu depuis son arrestation, sur ses antécédents, sa situation de fortune.)

(Conclusions.)

(Faire connaître si le condamné paraît digne de quelque indulgence, et, en cas d'affirmative, quelle mesure pourrait être proposée à Sa Majesté en sa faveur.)

Je suis, etc.

XI (page 53).

GRACES GÉNÉRALES.

Ordonnance du 6 février 1818 contenant les dispositions d'indulgence et de clémence en faveur des condamnés qui se seront fait remarquer par leur bonne conduite pendant l'expiation de leur peine.

Louis, etc.

Si la punition des crimes et des délits est le premier besoin de la société, le repentir, quand il est sincère et bien constaté, a d'autant plus droit à notre clémence royale, que souvent il n'est pas moins utile pour l'exemple que la peine même, et qu'il offre la meilleure garantie de la conduite future du coupable qui en donne des preuves. Déjà nous avons pourvu par diverses ordonnances au régime des maisons destinées à recevoir les condamnés. Nous avons voulu que ce régime, sans cesser d'être sévère dans l'intérêt de la sûreté publique, fût en tout conforme aux principes de l'humanité, aux règles des bonnes mœurs et aux distinctions établies par la loi entre ceux qu'elle condamne ; que les détenus fussent environnés de l'appui des secours et des consolations de la religion ; qu'on eût soin de leur fournir un travail qui, en même temps qu'il adoucit leur sort actuel, leur ménage des ressources pour l'avenir et leur fait contracter des habitudes morales.

Après avoir, par ces mesures, rendu la résignation plus facile aux condamnés, nous voulons encore leur tenir compte de leur retour à des sentiments honnêtes et exciter plus vivement leur émulation par une perspective encourageante, en faisant connaître la résolution où nous sommes d'user de notre prérogative royale en faveur de ceux qui, par une bonne conduite soutenue, se seront rendus dignes de la remise entière, ou de la commutation de la peine qui leur resterait à subir.

A ces causes et sur le rapport de notre gardes des sceaux, ministre secrétaire de la justice, et de notre ministre secrétaire d'État de l'intérieur,

Nous avons ordonné et ordonnons ce qui suit :

ART. 1er. Nos procureurs généraux et ordinaires, ainsi que nos préfets, se feront rendre, tous les trois mois, des comptes détaillés de la conduite des détenus en vertu d'arrêts ou de jugements, par les directeurs, inspecteurs, aumôniers, conseils de surveillance et tous autres chargés de l'administration, inspection ou surveillance des maisons de force, de reclusion, détention, correction, et prisons quelconques.

ART. 2. Tous les ans, avant le premier mai, les préfets adresseront au ministre de l'intérieur la liste de ceux des condamnés qui se seront fait particulièrement recommander par leur bonne conduite et leur assiduité au travail, et qui seront jugés susceptibles de participer aux effets de notre clémence.

ART. 3. Notre ministre de l'intérieur transmettra ces listes à notre garde des sceaux avec les observations et propositions qu'il aura jugé convenable d'y joindre.

ART. 4. Notre garde des sceaux, après avoir recueilli des renseignements auprès de nos procureurs généraux et ordinaires dans le ressort desquels auront été condamnés et se trouveront détenus les individus portés sur les listes, prendra nos ordres à leur égard de manière à ce que notre décision puisse être rendue le 25 du mois d'août de chaque année, époque que nous fixons en mémoire de celle du saint Roi notre aïeul, dont son amour pour la justice a plus particulièrement rendu le nom à jamais vénérable.

XII (page 58).

I. Modèle de rapport des procureurs impériaux du ressort de Paris au procureur général, pour le cas où le condamné n'aura été l'objet d'aucun recours antérieur.

Monsieur le procureur général,

Le nommé. . . . . (nom et prénoms) a été condamné le. . . . . par. . . . . . . à. . . . . . pour. . . . . (Indiquer avec exactitude les peines prononcées, et la qualification admise par l'arrêt ou le jugement de condamnation.)

L'instruction avait établi à sa charge les faits suivants :

. . . .

Le nommé . . . . .aujourd'hui âgé de. . . . . . est né à. . . . . le. . . . . Il est (célibataire, marié ou veuf); il

a (indiquer le nombre d'enfants. Il exerçait la profession de. . .
dans la commune de. . . . . département de. . . . . .

A raison de. . . . . j'estime qu'il y a lieu (ou qu'il n'y
a pas lieu) de faire remise à ce condamné de. . . . . sur
la durée de la peine qu'il lui reste à subir.

Je suis, etc.

**II. Modèle pour le cas où le condamné a été l'objet
d'un précédent recours en grâce.**

Monsieur le procureur général,

Le nommé. . . . . a déjà fait l'objet d'un rapport particulier qui a été transmis au parquet de la cour impériale
le . . . . (Rappeler sommairement les faits qui ont
motivé la condamnation.)

A raison de. . . . . j'estime qu'il a lieu (ou qu'il n'y a pas
lieu) de faire remise au condamné de. . . . . sur la
durée de la peine qui lui reste à subir.

Je suis, etc.

Les renseignements que les parquets de première instance
font parvenir à celui de la cour impériale doivent être recueillis
et transmis dans le plus bref délai possible. C'est avec ces renseignements que le procureur général dresse le rapport qui est
destiné à trouver place dans la huitième colonne du tableau ci-
après, page 278, n° XV.

XIII (page 54).

TABLEAU

DES GRACES ET COMMUTATIONS COLLECTIVES

DEPUIS 1842 JUSQU'EN 1862.

ANNÉES.	NOMBRE DES INDIVIDUS GRACIÉS EN TOUT OU EN PARTIE.			NOMBRE DES CONDAMNÉS QUI SUBISSAIENT LA PEINE			
	Hommes.	Femmes.	Total.	des travaux forcés à perpétuité.	des travaux forcés à temps.	de la réclusion.	de l'emprisonnement.
1842	430	95	525	8	27	210	270
1843	571	97	668	49	124	110	285
1844	616	119	735	45	138	253	299
1845	610	104	714	77	136	218	283
1846	663	107	770	43	149	250	328
1847	615	85	700	47	164	198	281
1848	950	152	1102	87	262	250	503
1849	613	102	715	83	135	164	333
1850	544	99	643	57	136	181	269
1851	482	79	561	51	119	140	251
1852	1013	196	1239	76	217	347	599
1853	440	65	505	56	65	85	299
1854	509	91	600	73	126	121	280
1855	734	118	852	72	190	186	404
1856	1490	279	1769	146	356	285	982
1857	1127	175	1302	91	245	293	673
1858	834	146	980	65	217	190	508
1859	765	147	912	54	206	214	438
1860	646	153	799	34	197	189	379
1861	780	144	924	38	220	234	432
1862	805	162	967	66	256	212	433

XIV (page 93).

Extrait du rapport de Son Excellence M. Baroche, garde des sceaux, ministre de la justice et des cultes, à Sa Majesté l'Empereur sur la justice criminelle pendant l'année 1863.

« Le nombre des grâces, commutations ou réductions de peines
« accordées par Votre Majesté, à l'occasion de la fête nationale
« du 15 août 1863, a été bien plus considérable que les années
« précédentes. Sur 1,678 condamnés signalés par l'administration
« comme pouvant mériter le bienfait de la clémence impériale,
« 1,276 (plus des trois quarts) ont obtenu : 551 (43 pour 100) la
« remise entière de la peine qui leur restait à subir, et 725 une
« commutation ou une réduction de durée. En 1862, le rapport
« des décisions gracieuses aux présentations n'avait été que de
« 58 pour 100, un peu moins des trois cinquièmes.

« L'accroissement de ces chiffres tient en grande partie au pro-
« grès de la moralité dans la classe des condamnés transportés
« à Cayenne. L'administration en présente chaque année un plus
« grand nombre qui ont acquis des titres incontestables à la fa-
« veur de Votre Majesté, en consacrant l'énergie de leur carac-
« tère à des travaux réellement dignes d'intérêt. Tout annonce
« une amélioration croissante dans cette situation, qui fait déjà
« le plus grand honneur au département de la marine. Ses efforts
« persévérants ont été couronnés d'un éclatant succès. L'ineffi-
« cacité de l'œuvre de la colonisation, à l'égard des forçats que
« la durée de leur peine n'assujettit pas à la résidence perpétuelle,
« tend seulement à démontrer que l'intérêt social et celui des
« condamnés eux-mêmes rendront nécessaire l'extension de cette
« obligation à tous les transportés.

« L'influence décisive de la vie de famille sur les condamnés
« a conduit la marine à favoriser généreusement l'expatriation
« des femmes et des enfants des forçats. Un complément indis-
« pensable de l'œuvre, c'est l'application la plus large de l'ar-
« ticle 4 de la loi de 1854 aux femmes célibataires condamnées
« aux travaux forcés ; et il serait même opportun d'étendre cette
« mesure à toutes les femmes reclusionnaires qui en feraient la
« demande. L'avenir des colonies pénitentiaires, au point de vue
« de la prospérité et de la moralité, dépend évidemment du dé-
« veloppement des liens de la famille. »

XV (page 56).

Notice individuelle pour les grâces générales ou collectives.

NOM ET PRÉNOMS DU CONDAMNÉ.	CRIME OU DÉLIT QUI A MOTIVÉ LA CONDAMNATION.	DATE DE LA CONDAMNATION.	COUR OU TRIBUNAL QUI L'A PRONONCÉE.	NATURE ET DURÉE DE LA PEINE.	RESTANT DE LA PEINE A SUBIR au 15 août 18..	AGE DU CONDAMNÉ A L'ÉPOQUE DU CRIME OU DU DÉLIT.	OBSERVATIONS. Résumé des renseignements fournis par la procédure. Observations et proposi-tions du procureur général du ressort où la condam-nation a été prononcée.

Renseignements de l'administration
sur la conduite du condamné.

Les renseignements propres à faire apprécier la conduite du condamné en prison doivent être re-produits ci-dessous au pied de l'état, tels qu'ils sont consignés sur le tableau de présentation. La proposition de la commission administrative et l'avis du préfet doivent pareillement y être men-tionnés avec soin.

Observations.

Dans le cas où le parquet aurait été ap-pelé antérieurement à fournir des rensei-gnements sur un recours en grâce du con-damné, il faudrait rappeler avec soin le numéro du dossier de la chancellerie.

XVI (page 97).

DE L'EFFET DE LA GRACE A L'ÉGARD DE L'AMENDE.

Le conseil d'État, qui, d'après le renvoi ordonné par Sa Majesté, a entendu le rapport de la section de législation sur celui du grand juge, ministre de la justice, duquel il résulte que S. M., en exécution de l'article 53 du décret du 19 vendémiaire an XI, ayant accordé le 16 frimaire an XIV, au champ d'Austerlitz, grâce à trois cent quatre vingt six condamnés aux travaux publics, et ordonné leur incorporation dans divers régiments; la question se présente si ceux qui ont payé l'amende de 1,500 fr. doivent la recouvrer, et si ceux qui en sont encore débiteurs doivent en être déchargés, est d'avis, sur la première partie de la question, que la grâce ne saurait emporter un effet rétroactif; elle fait cesser la peine, mais elle prend le condamné dans l'état où il est, elle ne lui rend pas ce qu'il a perdu ou payé : elle ne doit point être onéreuse au trésor public en le soumettant à des restitutions. Quant à la seconde partie de la question, il est à considérer que si la grâce n'a pas d'effet rétroactif, elle doit avoir un effet présent qui fasse cesser toute peine et toute poursuite de la part de la partie publique; que si la grâce ne remet pas les amendes acquises à des parties civiles ou à des tiers, auxquels elle tient lieu d'indemnité, il n'en est point ainsi à l'égard du prince dont les grâces, à moins qu'il ne les restreigne, sont de plein droit entières et absolues; que l'amende de 1,500 fr. étant destinée, par l'article 12 de la loi du 17 ventôse an VIII, à remplacer par des enrôlements volontaires les déserteurs condamnés; les déserteurs qui ont obtenu leur grâce, et qui sont incorporés pour huit ans dans la ligne, acquittent de leur personne cette destination ; que le non-recouvrement de l'amende pendant leur détention prouve qu'elle est d'une exécution difficile et peut-être impossible; en sorte qu'en donnant à la grâce toute l'étendue dont elle est susceptible, on fera cesser, d'une part, des poursuites vraisemblablement frustratoires, et d'autre part on ne distraira pas de leur devoir, par des inquiétudes sur leurs biens ou sur ceux de leurs parents, des soldats que S. M. a jugés dignes, d'après leur meilleure conduite, de rentrer au service : comme on les rappelle à l'inviolable fidélité qu'il doivent à leurs drapeaux, il paraît convenable qu'ils y trouvent un entier oubli de leur faute. Par ces motifs, le conseil d'État est d'avis que la grâce accordée, en exécution de l'article 53 du décret du 19 vendémiaire an XII, aux déserteurs condamnés, leur remet l'amende de 1,500 fr., si elle n'a pas été aquittée.

(Avis du conseil d'État du 25 janvier 1807.)

XVII (page 28).

Les tribunaux ont-ils le droit de recommander par jugemen à la clémence de l'Empereur et d'ordonner qu'il soit sursis à l'exécution du jugement, jusqu'à ce que Sa Majesté ait statué sur la demande en grâce?

« Le procureur général impérial expose que la cour de justice criminelle et spéciale, dans le département de la Haute-Garonne, s'est permis dans un arrêt rendu le 30 fructidor an XII, des excès de pouvoir dont la répression est extrèmement importante.

« Par cet arrêt, elle a condamné à la peine de mort neuf brigands, au nombre desquels se trouvaient Jean Rouqueton fils et Guillaume Martinet; mais considérant qu'elle avait reçu de ceux-ci « les plus grands éclaircissements, par leurs aveux extrajudiciaires qui avaient fait découvrir la plus grande partie des brigands qui composaient les bandes dévastatrices, et fait arrèter les pillages; par ceux faits lors des interrogatoires, confrontations et débats qui ont servi à la conviction de la majorité des accusés; que ces motifs l'avaient déterminée à les recommander l'un et l'autre à la clémence du souverain, elle a ordonné qu'il serait sursis à l'exécution de son arrêt en ce qui touchait Jean Rouqueton fils et Guillaume Martinet, pour la condamnation à la peine capitale, jusqu'à ce que, par Sa Majesté Impériale, il eût été autrement statué. »

« Ainsi la cour de justice criminelle et spéciale du département de la Haute-Garonne a, tout à la fois, pris l'initiative sur l'Empereur, en recommandant à la clémence de S. M. les condamnés Rouqueton et Martinet, et exercé elle-même le premier acte du droit de faire grâce, en sursoyant à l'exécution de ces deux particuliers; elle a conséquemment fait de ses pouvoirs un abus doublement répréhensible.

« Qu'une cour de justice criminelle, pénétrée des motifs qui peuvent déterminer la grâce d'un accusé qu'elle condamne, les communique confidentiellement au chef de l'État, par l'intermédiaire du grand juge, ministre de la justice, il n'y a là rien que de régulier, de sage et de nécessaire.

« Mais qu'elle insère ces motifs dans l'arrêt même de condamnation, qu'elle les proclame à l'audience, et qu'elle manifeste à tout le public la démarche qu'elle fait auprès du trône pour obtenir la grâce des accusés qu'elle condamne, c'est ce qui ne peut être toléré.

« Par là, en effet, elle juge solennellement les condamnés dignes de la grâce qu'elle sollicite pour eux; elle rend en leur faveur une décision qui ne peut émaner que de l'autorité suprême; et en prévenant ainsi l'autorité suprême, qui peut avoir de très-justes raisons pour ne pas décider de la même manière, elle la place dans l'alternative ou de prendre sur soi tout l'odieux d'un refus commandé par l'intérêt social, ou d'accorder une grâce à laquelle l'intérêt social s'oppose.

« D'un autre côté, le droit de surseoir à l'exécution d'un condamné, par le motif que sa grâce est demandée à l'Empereur, ne peut appartenir et n'appartient réellement qu'à l'Empereur luimême. Il ne peut être, et très-constamment il n'est exercé qu'en son nom, et par l'organe du grand juge, ministre de la justice. C'est là, en effet, comme l'exposant l'a dit, le premier acte du droit de grâce. Sans le droit de grâce, rien ne pourrait empêcher que le jugement de condamnation ne fût exécuté : c'est donc par le droit, par le droit seul de faire grâce, que l'exécution de ce jugement peut être suspendue ; le pouvoir de suspendre cette exécution ne peut donc appartenir qu'à la puissance dans laquelle réside le droit de grâce ;

« Aussi le conseil privé de l'Empereur a-t-il pensé, dans sa séance du 18 nivôse dernier, que la cour criminelle de la Haute-Garonne avait commis un excès de pouvoir de la dernière gravité, en se permettant de suspendre, en ce qui concernait Rouqueton et Martinet, l'exécution de son arrêt, et que cela constituait de sa part une usurpation sur la prérogative la plus noble de l'autorité impériale.

« Et c'est en adoptant cet avis que l'Empereur, le même jour, charge le grand juge ministre de la justice de dénoncer à la cour de cassation la disposition dudit arrêt portant surséance.

« Du reste ce serait bien vainement que, pour justifier la conduite de la cour de justice criminelle et spéciale du département de la Haute-Garonne, on alléguerait l'exemple de ce qui se fait dans les cas semblables en Angleterre. Chaque État a ses lois et ses usages, et ni les lois ni les usages de l'Angleterre ne peuvent faire autorité en France.

« Ce considéré, il plaise à la cour, vu l'art. 80 de la loi du 27 ventôse an VIII, l'art. 86 du sénatus-consulte du 16 thermidor an X et le § 6 de l'art. 456 du code des délits et des peines, casser et annuler, pour excès de pouvoir, la disposition de l'arrêt de la cour de justice criminelle et spéciale du département de la Haute-Garonne, du 30 fructidor an XII, qui, en recommandant Jean Rouqueton et Guillaume Martinet à la clémence de l'Empereur, ordonne qu'il sera sursis à leur exécution jusqu'à la décision définitive de Sa Majesté ; et ordonner qu'à la diligence de l'exposant, l'arrêt à intervenir sera imprimé et transcrit sur les registres de la dite cour criminelle et spéciale.

« Fait au parquet, le 2 pluviôse en XII. Signé : Merlin. »

Arrêt.— « Ouï le rapport de M. Sieyès, juge....; vu l'art. 80 de la loi du 27 ventôse an VIII, l'art. 86 du sénatus-consulte du 16 thermidor an X et le § 6 de l'art. 465 du code des délits et des peines ainsi conçu : Le tribunal de cassation ne peut annuler les jugements des tribunaux criminels que dans les cas suivants : 6° Lorsqu'il y a eu contravention aux règles de la compétence établie par la loi pour la connaissance du délit ou pour l'exercice des différentes fonctions relatives à la procédure criminelle ou qu'il y a eu, de quelque manière que ce soit, usurpation de pouvoir....... Considérant que le droit de faire grâce réside tout entier et exclusivement dans la personne du chef de l'Empire, qu'il n'appartient à aucune autorité de prendre à cet égard une initiative publique et officielle sur la détermination de l'Empereur; considérant que le droit de surseoir à l'exécution d'un jugement de condamnation en dernier ressort fait essentiellement partie du droit de faire grâce, qu'ainsi l'un ne peut, pas plus que l'autre, être exercé par les tribunaux ;

« Considérant que dans le cas où les tribunaux estiment, d'après de grandes et importantes considérations, qu'il peut y avoir lieu, en faveur d'un condamné, à l'exercice du droit de faire grâce, ils ont, pour les faire parvenir jusqu'au trône, d'autres voies que celles d'un jugement; par ces motifs, la Cour, faisant droit sur le réquisitoire de M. le procureur général impérial, casse et annule, dans l'intérêt de la loi, et pour excès de pouvoir, la disposition de l'arrêt de la cour de justice criminelle et spéciale du département de la Haute-Garonne, du 30 fructidor an XII, qui, en recommandant Jean Rouqueton et Guillaume Martinet à la clémence de l'Empereur, ordonne qu'il sera sursis à leur exécution jusqu'à la décision définitive de Sa Majesté; ordonne qu'à la diligence de M. le procureur général impérial, le présent jugement sera imprimé, et transcrit sur le registre de la cour criminelle et spéciale de la Haute-Garonne ».

— Nous n'aurions su exposer d'une manière aussi précise que l'ont fait le réquisitoire du procureur général et l'arrêt de la cour, les motifs qui empêchent les tribunaux de recommander, par voie de jugement, à la clémence souveraine, les individus qu'ils condamnent. — Sans doute, il ne s'agit dans l'espèce que des cours criminelles spéciales, mais les règles qui leur étaient imposées à cet égard doivent, sans aucun doute, être celles de toutes les juridictions quelles qu'elles soient.

Toutefois, il y a lieu de remarquer que, plus tard, les articles 595 et 598 du code d'instruction criminelle de 1808 donnèrent aux cours de justice criminelle, le droit de recommander, pour des motifs graves, les condamnés à la commisération de l'Empereur. Mais il faut se rappeler, pour comprendre cette anomalie, que les condamnés n'avaient pas le droit de se pourvoir devant la cour de cassation, contre les arrêts de ces cours spéciales, arrêts qui devenaient ainsi exécutoires sans qu'aucun recours fût possible ; on s'explique qu'il fut, dès lors, nécessaire de tempérer la rigueur de cette juridiction en permettant aux magistrats d'appeler officiellement la clémence du prince sur les condamnés qui en étaient dignes.

Aujourd'hui, les cours criminelles n'existent plus ; la règle spéciale qui les concernait, touchant le droit de grâce, est tombée avec elles ; les principes qui défendent aux tribunaux de recommander par jugement les condamnés à l'Empereur, n'a donc plus d'exception.

Voir toutefois page 64 l'exception que la loi et l'usage ont créée au profit des tribunaux militaires.

XVIII (page 68).

Les lettres de grâce ou de commutation de peine entraînent-elles de plein droit la remise des frais comme les amnisties ?

— On avait cru remarquer de l'analogie entre les lettres de grâce ou de commutation de peine et les amnisties, et l'on avait conclu que, lors même que les lettres de grâce ou de commutation de peine se taisent sur la remise des frais, cette remise doit être accordée.

M. le sous-secrétaire d'État au département de la justice, a écrit à ce sujet à Son Excellence le ministre des finances, le 27 juillet 1821, une lettre conçue en ces termes :

« J'ai reçu la lettre que vous m'avez fait l'honneur de m'adres-
« ser le 6 juillet, pour me demander si la remise des frais de
« justice pourrait être accordée à titre de grâce. La règle géné-
« rale est que la remise de ces frais n'est point comprise dans les
« dispositions des lettres de grâce ou de commutation, que Sa
« Majesté daigne accorder à des condamnés. Ceux-ci ne peuvent
« être dispensés du payement des frais de procédure que pour
« cause d'insolvabilité constatée, et l'appréciation de cette cause
« appartient aux attributions de votre département.

« Les inductions qu'on prétend tirer de ce qui se serait prati-

« qué en matière d'amnistie ne sont d'aucune considération,
« parce que l'amnistie a ses caractères et ses effets particuliers,
« comme vous l'observez.

« Il est hors de doute, toutefois, que la prérogative royale peut
« s'appliquer à la remise des frais de justice; mais lorsque la
« volonté du roi est qu'il en soit ainsi, les lettres de grâce l'ex-
« priment d'une manière formelle. C'est ce qui a pu arriver dans
« des circonstances fort rares, comme, par exemple, dans le cas où
« les lettres de grâce sont accordées parce que, d'après des faits
« connus depuis la condamnation, de graves présomptions mo-
« rales donnent lieu de croire qu'une erreur judiciaire a été
« commise, sans qu'il y ait ouverture à révision ; mais les frais
« de procédure ne sont jamais remis quand les lettres de grâce
« ne l'énoncent pas positivement.

« C'est d'après ce principe que la question que vous me sou-
« mettez doit être résolue. »

(*Journal de l'Enregistrement*, art. 7032, n° 823.)

— Nous avons vu, pages 68 et suivantes, que les frais n'ont
jamais été remis par voie de grâce.

XIX (page 95).

*Rapport adressé par M. le procureur général près la cour d'appel
de Gand à M. le ministre de la justice de Belgique, sur les
effets de la grâce* (art. 66 du code pénal).

« Il est évident que la mesure à laquelle l'article 66 du code
pénal soumet le prévenu âgé de moins de seize ans, acquitté
faute de discernement, n'est pas une peine; je la considère
comme une mesure purement préventive. Elle empêche le jeune
délinquant de porter atteinte à l'ordre public pendant le temps
de sa détention. Elle l'empêche de récidiver plus tard, en développant par l'éducation ses facultés morales, en l'habituant à une
vie active et laborieuse, et en le mettant à même de gagner sa
vie à l'époque de son élargissement. De ce que la détention n'est
pas une peine, il faut conclure que le roi ne peut, en vertu du
droit de grâce, la faire cesser avant l'expiration du terme fixé
par le jugement.

« Mais il peut survenir, après le jugement, des circonstances qui rendent la détention du jeune délinquant parfaitement inutile. Il peut arriver que la conservation de sa vie dépende de sa mise en liberté, qu'il s'opère dans les ressources et dans les conditions de sa famille un changement qui la met à même de soigner l'éducation du jeune reclus beaucoup mieux que l'État, de sorte que le juge n'aurait pas hésité à remettre le prévenu à ses parents, si ceux-ci avaient été dans la même position à l'époque du jugement. Faut-il, dans des cas semblables, que le jugement soit exécuté dans toute sa sévérité, que le condamné soit sacrifié à l'autorité de la chose jugée, qu'aucun pouvoir humain ne puisse venir à son secours? Cela serait absurde; il est impossible que la loi ait voulu placer le jeune homme acquitté dans une condition moins favorable que les coupables condamnés aux peines les plus graves, qu'elle ait voulu attacher à la détention de l'article 66 un caractère d'immuabilité que n'ont point les peines proprement dites qui sont toutes graciables.

« A mon avis, il n'y a pas, à proprement parler, de chose jugée dans le cas dont il s'agit, pas plus que quand les tribunaux décident, en vertu de l'article 274 du code pénal, qu'un mendiant sera conduit au dépôt de mendicité, décision qui dans la plupart des cas n'est pas exécutée, puisqu'il arrive tous les jours que, nonobstant le jugement, l'autorité administrative fait conduire le condamné, non au dépôt, mais dans la commune où il est domicilié. Les fonctions de la justice répressive consistent à punir ou à acquitter; ce n'est que quand elle se renferme dans ces attributions que ces décisions acquièrent la force de la chose jugée. La détention dont parle l'article 66 du code pénal n'étant autre chose qu'une mesure de police préventive, la disposition qui ordonne cette détention n'est pas en réalité un acte judiciaire, mais un acte administratif que la loi attribue par exception à l'autorité judiciaire, et qui n'a point ce caractère d'irrévocabilité propre à la chose jugée. Il eût été naturel de confier aux tribunaux, qui ont ordonné la détention, le soin de juger s'il y a lieu d'abréger le terme de la détention fixée par le jugement. Mais ce pouvoir ne leur ayant pas été conféré par la loi, je crois qu'il appartient à l'administration, ou plutôt au chef suprême du pouvoir administratif, au chef de l'État, d'abréger la détention si des circonstances survenues depuis le jugement l'exigent. Ce n'est point là un acte de clémence, mais un acte d'administration.

« En France, la détention autorisée par l'art. 66 est si peu con-sidérée comme une mesure irrévocable qu'il est permis à l'au-torité administrative, d'accord avec le ministère public, de la commuer, aussi longtemps que le jeune délinquant se conduira bien, en un apprentissage chez des cultivateurs ou des artisans.»

« Le procureur général,

« L. GANSER. »

(Année 1863.)

INDEX

DES

DOCUMENTS ET NOTES.

FIN.

TABLE DES MATIÈRES.

ERRATA.

Page 110, ligne 19, au lieu de : *volonté libre et spontanée du prince*, il faut lire : *volonté libre, mais non spontanée du prince*.

Page 149, ligne 10, au lieu de : *Voir arrêt de la Tournelle, 1717*, il faut lire : *Voir arrêt de la Tournelle, 1671*.

Page 247, à la liste des auteurs qui ont écrit sur le droit de grâce, il faut joindre les noms de MM. Gillet et Demoly. (Voir leur analyse des *circulaires, instructions et décisions émanées du ministère de la justice*.)

www.ingramcontent.com/pod-product-compliance
Lightning Source LLC
Chambersburg PA
CBHW070243200326
41518CB00010B/1670